Hans-Jürgen Friese / Antje Friese
Manchmal habe ich solche Angst, Mama

Hans-Jürgen Friese / Antje Friese

Manchmal habe ich solche Angst, Mama

Wie Eltern ihren Kindern helfen können

Herder

Freiburg · Basel · Wien

*Unseren geduldig zuhörenden,
engagierten Pädagogen
Bärbel und Gunna Friese.*

Gedruckt auf umweltfreundlichem,
chlorfrei gebleichtem Papier

Alle Rechte vorbehalten – Printed in Germany
© Verlag Herder Freiburg im Breisgau 1997
Satz: DTP-Studio Helmut Quilitz, Denzlingen
Herstellung: Freiburger Graphische Betriebe 1997
ISBN 3-451-26219-3

Inhalt

In eigener Angelegenheit...

Es gibt viele gescheite Leute auf der Welt, und manchmal haben sie wohl auch recht. Ob sie recht haben, wenn sie behaupten, Kinder sollen angstfrei aufwachsen, weil sie sonst im Leben immer nur unter Schäden zu leiden hätten, weiß ich nicht. Auch die vielen klugen Leute sollen sich hüten, immer alles besser zu wissen und zu verallgemeinern. Wenn das Hänschen nicht gelernt hat, mit seinen kleinen Ängsten fertig zu werden, wird es der Hans wohl nimmermehr erlernen können. So könnte man wohl den klugen Leuten antworten.

Und so begegnet auch dem Kind unserer heutigen Zeit sehr viel Klugheit und Wissen in der Erziehung, aber wenig praktische Erfahrung mit dem Fertigwerden der neuen und doch so alten Umstände des Alltags. Und es sind wohl oft angstmachende Umstände.

Die meisten Kinder wachsen mit den eigenen und den Ängsten der Eltern unbeschadet, nicht verzärtelt und nicht geschädigt auf. Es tut oft weh, Angst zu haben – schön ist es aber auch, wenn man es wieder mal geschafft hat, sie auszuhalten, wenn es vorbei ist, wenn man sie erfolgreich bekämpft hat. Im Rückblick von Erwachsenen haben die eigenen Kinder oft sehr geholfen, die rührenden, aber auch traurigen und schrecklichen Geschichten der jungen Jahre zu erfahren. Ich selbst habe als Vater sie zwar miterlebt, aber nie so recht verstanden, wie dies die Kinder erlebten. Und nur die eigenen Erfahrungen und Gedanken an die zurückliegende Zeit erhellen etwas die Erkenntnis.

Relativ überraschend wuchs dann in uns Eltern die Erkenntnis, daß die eigenen Kinder auch mal Angst vor den

Eltern hatten, obwohl gerade wir so klug und pädagogisch geschickt sein wollten, und nun, da die eigenen Kinder groß sind, hat sich diese Angst verändert. Vor uns Eltern haben unsere Kinder keine Angst mehr, aber um uns.

Was hat es wohl genützt trotz elterlicher Sorgen um den Alltag unsere Kinder ganz rauszuhalten. Sie haben es doch gefühlt, wenn uns Eltern Ängste quälten und Sorgenfalten durch unsere schauspielerischen Leistungen zum Lächeln verzerrt wurden. Es gilt wohl die richtige gemeinsame Sprache des Verstehens zu finden. Eigene Erinnerungen an die Kindheit soll man immer parat haben und dabei dann selbst auch wieder Kind sein dürfen, um ein Stück die reale Angst des Kindes zu begreifen.

Eine typische, aus der eigenen Kindheit resultierende Wunschhaltung ist die Erinnerung, daß andere Leute von mir glauben mögen, ich hätte wenig Angst und könne ihnen deswegen helfen und stark gegenübertreten. Deswegen habe ich wohl oft auch durch die Gegend trabend als Kind den Erwachsenen eine Art „frohe Botschaft" verkündet und gemerkt, wie sie sich freuten. Dabei war es doch auch die eigene kindliche Sorge, wohl unbemerkt zu bleiben, letztlich nicht den Erwartungen der Erwachsenen gegenüber ausreichend brav und lieb zu sein. So bin ich wohl selbst in diese Lieblingsrolle gelangt, und sie hat sich letztlich ausgezahlt, aber nur für einen Moment. Später in meinem Beruf als Psychologe ist diese Grundhaltung wohl zu einer Einstellung verfestigt, ein wichtiger Teil der eigenen Arbeitshaltung geworden.

Als Kind wurde ich dann von der Familie quasi „vorgeschickt", wenn es irgend-etwas zu erledigen galt, wenn etwas zu organisieren war und wenn grundsätzlich in nicht gerade angenehmen Situationen diese kindliche Art anzukommen schien.

Woher kamen dann aber bei mir die eigenen Erfahrungen im Umgang mit den Ängsten?

Eine frühe Erinnerung aus meinem 3. Lebensjahr gestaltete mein großer Bruder mit mir zusammen nach. Er erzählte mir immer wieder, wie er mich vor dem „großen Hund an der Kette" gerettet hat. Ich war wohl auch auf dem Wege, mit dem Hund mal zu reden, ihm die gewohnte „frohe Botschaft" der eigenen Angstfreiheit zu bringen, und dieser ließ mich näherkommen, um dann zähnefletschend an langer, aber letztlich zu kurzer Kette vor mir zum Stehen zu kommen. Mein zwei Jahre älterer Bruder hat mich rechtzeitig gestoppt und in seiner Erinnerung mir das Leben gerettet.

Ich habe nie begriffen, was ich hätte anders machen sollen. Denn es gab da auch noch die alte Geschichte mit den Gänsen im Dorf.

Auf der Straße durch das Nachbardorf, durch welches wir auf dem Weg zur Großmutter mußten, waren stets Gänse. Und immer war ich für den Umweg – wenn meine „Feinde" flügelschlagend und laut schnatternd gewaltig auf uns zukamen. Den Trick hatte mein Bruder raus, der einfach weiterging und immer als Sieger, ohne Umwege, und zeitlich viel früher durch das Dorf kam und sich damit bereits seine Pause verdient hatte, wenn ich viel später ankam. Dann wurde für mich der große Bruder zum Angstlehrer, und auch diese Geschichte ist für mich Erinnerung geblieben. Ich habe damals erfahren, daß für meinen Bruder die eigene Angst, die er ja wohl auch vor den großen Gänsen haben mußte, nützlich war. Denn der kleine Bruder himmelte ihn an, und es hält bis heute an. So kann Angst auch nützlich sein. Oder war es u. U. dem großen Bruder sogar angenehm, die Angst zu suchen? Hat es ihm Vergnügen bereitet, möglicherweise einen Kick gegeben, wenn er auf diese Art es wieder einmal dem kleinen Bruder gezeigt hatte?

Ich habe mir vorgenommen, jetzt 50, Jahre später, mit ihm darüber zu sprechen.

Als Kind sollte ich nach Meinung meines Bruders lernen, der Angst ins Auge zu schauen. Verstanden hatte ich aus der Geschichte mit den Gänsen nur, daß man Angst sehen kann, wenn man fest hinschaut. Und klar war mir auch, daß jeder andere Mensch, der hinschaut, diese Angst dann auch sehen muß.

In der Aufforderung, einfach hinzuschauen, sollte ich offenbar lernen, Angst zu verstehen, zu erkennen und gleichzeitig auch erfahren, wie man mit ihr fertigwerden kann. Mein Bruder meinte es wohl gut mit mir.

Die eine Seite des Tuns, welche mir in Erinnerung bleibt, war hinzuschauen, wenn etwas Angstmachendes auftritt. Die andere Seite sind Erinnerungen an fremde, die Ängstlichkeit unterstützende, aber auch helfende und erklärende Worte. „Schau hin, der tut dir nichts" oder „geh einfach weiter und laß dir nichts anmerken" oder „pfeife einfach ganz laut und geh weiter" oder „rede ganz laut und tu so, als ist jemand neben dir" sind Worte, die sehr früh im Sinne des richtigen geschickten Umgangs mit der Angst geblieben sind.

So bin ich wohl mit den normalen Ängsten und Besorgnissen des Alltags fertiggeworden. Fremde Hilfe wurde erst dann notwendig, als ich selbst auch glaubte, allein nicht mehr weiter zu können. Es war die gleiche Situation ähnlich der frühen Kinderjahre, nur in weitaus intensiverer Ausprägung, welche dann u.U. fachlichen Rat und fremde Hilfe benötigte.

Wir haben in unseren praktischen Beratungsjahren als klinische Psychologen alle unsere eigenen und viele fremden Ängste zu sehen und zu hören bekommen. Es wurde immer deutlicher, daß alle Ängste vielfach auftreten, kein Mensch allein seine einzigartige Angst hat. Und es ist wohl ein Irrtum zu glauben, daß man einzigartig und allein mit der eigenen Angst sei und deswegen wohl auch nicht geholfen werden könnte. Diese kleine Erfahrung hat uns als Vater und Tochter bewogen, das einfache Buch über die Angst zu schreiben.

Wir glauben erfahren zu haben, daß man
- das Antlitz der Angst erkennen kann,
- die normale Alltagsangst mitteilen kann,
- wissen muß, wie die Angst im Körper wirkt,
- welche neuen Helfer und Hilfen es gegenüber
  zunehmenden Ängsten gibt

– bei konkreten Schwierigkeiten auch konkrete Hilfen, Techniken und Tricks anwenden kann,
– bei Angst etwas tun muß.

„Füße!" – nicht sofort weglaufen

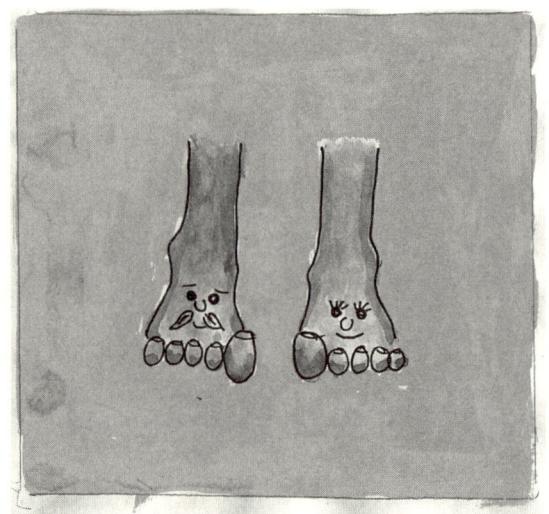

Herr und Frau Fuß sind ein glückliches Paar.
Immer wenn einer vorgeht, geht der andere nach
oder sie stehen und liegen nebeneinander.
Manchmal rennen sie auch,
aber nicht wenn sie Angst haben.
Sie sind doch keine Hasenfüße!

Wir brauchen Zuhörer und Ratgeber manchmal für einfache Befürchtungen, manchmal für existentiell bedrohliche Ängste. Das Vertrauen in den Gesprächspartner kann auch über ein Buch gefunden werden. Deshalb werden im vorliegenden Heftchen auch konkrete Alltagsängste der Kinder und Jugendlichen angesprochen. Je konkreter, beschreibbarer die Angst, desto konkreter die Hilfe. Es soll der Schleier des

Geheimnisvollen – oft die Angst verhüllend – gelüftet werden. Indem ein Bild, ein Kapitel oder eine Seite aufgeschlagen wird, soll der Freund, die Freundin oder meist ein Familienmitglied auf die Sorge hingewiesen werden. Oft fehlt ja nur ein äußerer Anstoß, um über das Drängen der Angst zu reden. Es gibt nur eine einzige wirkliche Gefahr in der modernen Angsttheorie, allein mit seiner Angst zu sein.

Dem kann jedoch sehr erfolgreich und aktiv begegnet werden, denn die gegebene Hilfe wird dann zur Selbsthilfe. Indem Sie jetzt lesen, haben Sie bereits begonnen, sich zu helfen.

Hilfen zum Umgang mit dem Buch

Wir, die Autoren dieses Büchleins, haben von Kindern und Eltern viel Post erhalten. Es wurde uns mitgeteilt, daß es interessant ist, Geschichten über andere Kinder und deren Sorgen und Nöte zu hören.

Wir haben unsere bekannten Freunde Kalle und Ina gefragt – ob sie uns als *„Sorgenknacker"* wieder zur Seite stehen wollen.

Beide riefen, „Ja, hurra – wir Helfer sind wieder da!"

Als Ergänzung zu den vielen Problemen, welche Ina und Kalle in dem Büchlein „Aufregen hilft nicht, Mama!", auch im Herder Verlag 1995 erschienen, gelöst haben, sind diesmal die vielfältigen Ängste von Kindern dargestellt. Auch hier wollen Ina und Kalle zeigen, was sie für sich tun können, welche Gründe sie für ihre Angst sehen und welche Hilfen sie bereits kennen. Du wirst in diesem Buch Allgemeines über die Angst erfahren, kannst zusammen mit Tieren Angstbeispiele üben und einzelne Ängste studieren.

I. Liebe Kinder...

Angst kennt jedes Tier und jeder Mensch. Sie schützt davor, daß einem etwas passiert. Sie schützt vor Unfällen und Schaden und schlechten Erlebnissen. Angst ist also etwas ganz Wichtiges im Leben. Wenn man vor irgendeinem Menschen oder einem Tier oder vor einem Ort wegläuft, wenn man also etwas vermeiden will, was irgendwie Unschönes passiert, dann nennt man dies Angst. Es ist dann ein Gefühl da, welches den ganzen Körper und alle Gedanken betrifft. Es reicht nicht aus, daß man nur aufgeregt ist, hat man wirkliche Angst, ist es viel, viel, viel mehr. Wie es dann bei der richtigen Angst ist, was man dabei fühlt und denkt, wie der Körper reagiert, das werden wir bald erfahren.

Wenn jedes Tier und jeder Mensch Angst hat oder den Zustand der Ängstlichkeit kennt, dann kann man sich auch denken, daß es ganz oft vorkommt und daß man nie im Leben völlig angstfrei ist bzw. daß die Angst verschwindet. Eben auch darum, weil es ein unangenehmes Erlebnis ist und zugleich die Angst auch schützt. So hat man schon als Baby Angst und kennt diese Angst auch noch als Opa oder als Oma.

Als Baby kann man schon Angst vor dem Alleinsein in der Wiege oder im Bettchen haben. Man kann sehr weinen, wenn man zu eng angefaßt wird, wenn sich schnell alles um einen herum verändert oder auch schon plötzlich Unbekanntes geschieht, z.B. ein lauter Knall kann einen ängstlich erschrecken oder ein Mensch, der plötzlich in den Wagen schaut und fremd ist. Später kennen viele junge Kinder ihre Angst vor dem Kindergarten, die schon ganz schnell verschwindet, wenn man erst einmal sich und die anderen

Kinder, die schönen Spielsachen und die liebe Erzieherin kennengelernt und sich an diese gewöhnt hat.

Als Opa und Oma hat man auch im Leben sehr viel gelernt. Man hat auch gelernt, wie man Angst bekämpfen kann, welche Tricks man anwenden kann, damit sie verschwindet. Und trotzdem bleiben auch weiterhin in diesem hohen Alter noch viele Ängste da, oder es kommen immer neue dazu. Z.B. die Angst vor viel Krankheit, vielleicht daß man hinfällt, man sich ein Bein bricht und es dann, weil man schon älter ist, nicht mehr so schnell heilt. Oder die Angst vor dem Alleinsein, die man schon als Baby kannte, und wenn man alt ist, ist sie wieder ganz stark da. Man will dann, daß sich Leute um einen kümmern und helfen, weil man nicht mehr selbst so viel allein machen kann. Oft ist bei ganz alten Menschen die Angst einfach da, weil sie traurig sind und sie allein sind, weil sie nicht mehr so viel tun können und weil sich niemand um sie kümmert oder sie noch braucht. Omas und Opas wollen noch helfen, und es geht manchmal nicht mehr so schnell wie früher. Dies macht sie dann traurig, aber auch ängstlich. Damit es nicht schlimmer wird, kannst du z.B. helfen gegen die Oma-Angst. Ein Beispiel wäre, daß man die Großeltern oft mitspielen läßt, daß man viel mit ihnen lacht. Dann bist du auf einmal von selbst ein Gegen-die-Angst-Helfer. Solltest du dieses Buch einmal ganz durchgelesen haben, vielleicht zusammen mit deinen Eltern oder Großeltern, dann bist du schon ein richtiger Meister in der Angstbekämpfung.

Nicht immer aber ist es einfach, sofort etwas zu tun, daß die Angst verschwindet, weil man ja auch ganz, ganz, ganz große Angst haben kann. Es gibt Angst, von der man krank werden kann. Sie ist nicht so oft, aber es gibt sie. Es ist dann wie bei allen Krankheiten, es kann ganz leicht anfangen und einmal richtig stark werden. Aber wie fast alle Krankheiten, so verschwindet auch eines Tages die Angst, und wie man bei allen Krankheiten viel selbst mithelfen kann, daß man gesund wird, so ist es auch bei den Erkrankungen aus Angst. Wie die Angstkrankheit aussieht, wie man sie richtig behandelt, wie man sich geschickt dabei selbst verhält, das werdet ihr in diesem Buch noch erfahren.

Bisher wißt ihr:

- Angst haben alle Tiere und Menschen.
- Angst ist wichtig, sie kann nützlich sein und auch schützen.
- Angst hilft, daß man Gefahren erkennt und diese meidet.
- Zu viel Angst kann krank machen.

Hat man in einem bestimmten Alter auch bestimmte Ängste?

Angst hat man, wie wir jetzt wissen, in jedem Alter. Aber es gibt eben auch für jedes Alter zutreffende, oft vorkommende Ängste. Würde man viele Kinder fragen, die schon in die Schule gehen, was ihnen am meisten angst macht, ohne daß sie krank sind, dann würden diese sagen:

Ich habe Angst…
- wenn ich vor der Klasse was sagen muß;
- wenn ich zum Zahnarzt muß;
- wenn ich im Spiel verliere;
- wenn ich nicht mitspielen darf und nicht gewählt werde, z. B. im Sport;
- wenn ich eine Aufgabe nicht richtig lösen kann;
- wenn ich schlecht träume;
- wenn andere mich auslachen;
- wenn ich mich verlaufe;
- wenn ich operiert werden soll;
- wenn ich als Lügner beschuldigt werde;
- wenn ich beim Klauen erwischt werde;
- wenn die Eltern sich streiten;
- wenn ich noch ins Bett mache.

Das sind einige Beispiele, was Schulkindern Angst machen kann.

Es gibt also ganz normal vorkommende Angst, die viele Menschen haben können und die natürlich auch davon abhängt, wie alt man ist, wo man lebt, was man tut, ob man spielt, schon in der Schule lernt oder z. B. im Beruf arbeitet.

Es ist wichtig, wie sehr man Vater und Mutter noch braucht, weil man selbst ganz klein ist und deswegen Angst hat, daß man mal von ihnen ein wenig weggehen muß oder ob man schon größer ist, in die Schule oder zur Arbeit geht und dann ganz andere Sorgen, aber auch Ängste hat. Es scheint so, daß aus vielen neuen schönen Erlebnissen auch viele neue Sorgen und Ängste resultieren. Auch ist es wohl so, daß je selbständiger man ist und je mehr man schon allein tun kann, auch die Angst kommt, daß dies nicht ausreicht, daß es noch nicht richtig ist und daß man noch besser lernen muß, mit den eigenen Sorgen fertigzuwerden.

Überlege einmal, ob du die folgenden Aussagen kennst, ob sie auch für dich normal zutreffend waren?

Als Baby…	Ich schrie und niemand kam, ich bin allein, Fremdes erschreckt mich.
Als Kleinkind…	Ich bin traurig, weil ich denke, niemand mag mich, und keiner ist lieb zu mir
Als Kindergartenkind…	Ich will nicht, daß es dunkel ist, Gewitter mag ich nicht, Gespenster und große Tiere machen mir angst.
Als junges Schulkind…	Ich will nicht allein, ohne daß Mama und Papa da sind, in der Schule sein.
Als Schulkind in der 3. und 4. Klasse…	Ich glaube, ich bin nicht gut, und ich versage.
Als Schulkind in der 5.,	Ich habe Angst vor Krankheit

6. und 7. Klasse…	und vor dem Sterben, ich bin zuviel allein, die anderen lachen mich aus.
Als großer Schüler…	Was wird einmal aus mir später werden, bekomme ich eine Freundin/Freund, habe ich später eine Frau oder einen Mann?
Als Jugendlicher…	Ist mein Körper gesund? Funktioniert alles in meinem Körper richtig, was halten die anderen von mir?

Ich glaube, daß bei fast allen Menschen irgendetwas von den oben genannten Beispielen zutrifft. Wenn man gar keine Angst kennt, kann man ja auch Gefahren übersehen – also ein wenig Ängstlichkeit trifft auf alle Menschen zu. Wir wollen aber weiter erfahren, was wir gegen die Angst tun können, und deswegen sollen wir gleich zu Beginn des Buches noch erfahren, wie es bei fast allen Menschen ist, wenn sie Angst haben.

Wie sieht es aus, wenn man Angst hat?

Viele Kinder sagen, die Angst kriecht in mir hoch, sie schnürt mir den Hals zu, ich fange an zu schwitzen und zu zittern. Oder viele andere bemerken, daß das Herz bis zum Hals schlägt und Schweiß ausbricht und der ganze Körper zu zittern anfängt oder auch einfach ganz starr wird oder es wird ganz schwarz vor den Augen. Dies ist für dich ganz wichtig zu wissen, daß die einfache Angst auch einfach wieder weggeht. Hat man aber über längere Zeit Angst, muß man lernen, sie zu bekämpfen und kann sich dabei auch helfen lassen. Dies haben wir bereits erfahren. Angst kann man also auch am eigenen Körper bemerken, der Körper hat dann gelernt, auf unangenehme Erlebnisse zu antworten, und man kann sehr gut trainieren, daß er wieder ruhig wird und daß man Mut bekommt.

Bei richtig toller Angst kann man bei sich selbst verschiedene Anzeichen beobachten.

Kreuze einmal die für dich zutreffende Aussage an!

- Ich habe Herzklopfen. ○
- Mir wird plötzlich ganz warm oder kalt. ○
- Ich fange an zu zittern. ○
- Im Mund fehlt mir die Spucke. ○
- Ich weiß nicht, was mit mir los ist. ○
- In der Brust ist es ganz eng. ○
- Ich muß viel öfter auf Toilette gehen. ○
- Ich kann nicht frei atmen. ○
- Mir wird schwindelig. ○
- Meine Muskeln sind angespannt. ○
- Ich bin ganz unruhig, kann nicht mehr ruhig spielen. ○
- Ich schreie gleich los, wenn was Einfaches passiert. ○
- Ich passe nicht mehr richtig auf. ○
- Ich schlafe nicht mehr so gut wie früher. ○

Wenn du ganz viele Kreuze gemacht hast, z. B. mehr als sechs Kreuze, weißt du, daß du unbedingt anfangen mußt, gegen deine Angst dir zu helfen oder Hilfe zu suchen. Du kannst auch mit deinen Kreuzen zu den Eltern oder zu den Lehrern gehen und sie diesen zeigen. Manche Kinder lassen sich dann auch gerne vom Doktor helfen. Aber wie du noch erfahren wirst, muß man erst lernen, *sich selbst* zu helfen.

Versuche deswegen erst einmal:

> Probiere aus, wie man den Dingen, die einem Angst machen, nur probeweise einmal ausweichen kann, dann lerne in aller Ruhe, die Angst zu erkennen, vielleicht darüber zu sprechen und sie dann zu beseitigen.

Wir sind stolz auf dich, daß du bis hierher gelesen hast.

Angst in meinem Körper

Du hast einen gesunden und kräftigen Körper. Die *Muskeln* wollen helfen, daß sich der Körper bewegen kann.

Die *Knochen* stützen und schützen viele wichtige Teile wie Herz und Lunge. Wichtige Organe, wie *Herz* und *Lunge,* helfen den Körper mit Blut zu versorgen. Das *Blut* befördert alle Nährstoffe zu jeder Stelle deines Körpers. Das *Gehirn* im Kopf läßt dich denken und sprechen, erinnern und fühlen. Die *Nerven* leiten alle Botschaften weiter.

Angst ist etwas, was vorerst dem Körper helfen soll, sich zu schützen – ein Warnsignal.

Wenn du lernst, auf deinen Körper zu achten, kannst du die Warnsignale verstehen, sieh dir das Bild von Kalle an:

Zittern, Schwitzen, Herzklopfen und Atemnot sind Anzeichen für mangelnde Versorgung und zu eng gewordene Versorgungsstraßen aufgrund von wahrgenommenen Gefahren

Leerer Kopf	ein Gefühl, das durch zu wenig Blut in den Adern des Kopfes entsteht;
Blässe und mangelnde Durchblutung	dies kann man am ganzen Körper sehen, weil die Haut mit zu wenig Blut versorgt wird;
Muskelzittern	die Muskeln werden zusätzlich schnell bewegt, sie sollen warm und bereit sein, um bei Gefahr weglaufen zu können;
Anspannung	diese wird durch zu einseitiges Muskelzittern in einer Art Verkrampfung des ganzen Körpers erreicht, sie kann vor Schreck entstehen, aber auch den Körper bereit zur Abwehr machen;

Herzklopfen, Atemnot	weil der Körper mehr Blut verlangt, muß das Herz schneller schlagen, um das Blut schneller an die Organe zu bringen; alle Röhren und Adern im Körper sind aber durch die Angst zu eng geworden und lassen somit das Herz schneller schlagen und pumpen. Es entsteht das Gefühl, als bekäme man zu wenig Luft;
Schweiß	entsteht einerseits als Kühlung der Haut und der Muskeln, andererseits soll der Körper glatt und damit weniger vom Gegner faßbar sein (Alarmreaktion).

Wie du siehst, hat unser Körper sinnvoll gelernt, auf Gefahren zu reagieren. Alarmsignale (Zittern, Herzklopfen, Blässe u. a. Dinge) dienen einerseits dazu, die Angst rechtzeitig wahrzunehmen, so wie der Körper es uns zeigt. Alarmreaktionen andererseits (Schweiß, Anspannung u. ä.) helfen dem Körper ganz schnell, auf Gefahren zu reagieren – z. B. einfach zur Seite zu springen, wenn ein Auto kommt.

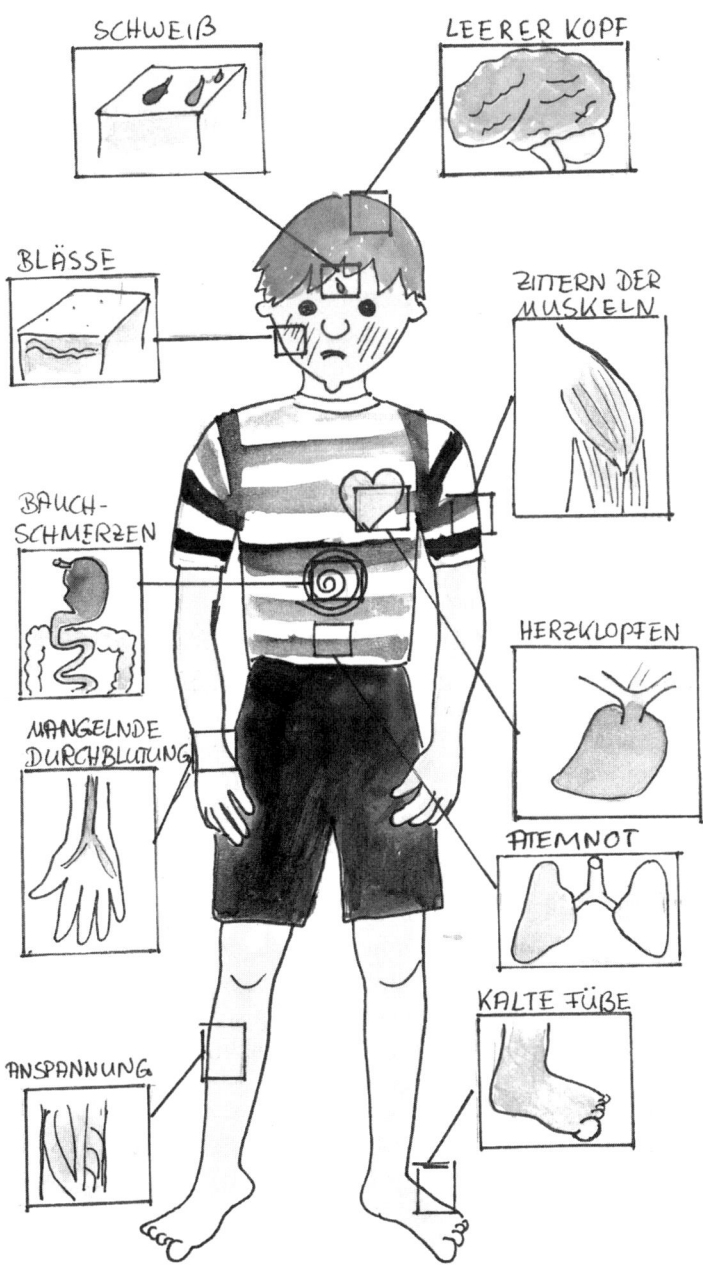

SCHWEIß

LEERER KOPF

BLÄSSE

ZITTERN DER MUSKELN

BAUCH-SCHMERZEN

HERZKLOPFEN

MANGELNDE DURCHBLUTUNG

ATEMNOT

KALTE FÜßE

ANSPANNUNG

23

II. Liebe Eltern und Erzieher

In den vorliegenden Seiten haben wir Ihrem Kind oder Ihrem Schützling erklärt, was normale Angst ist, wie sie wirkt, wann man bestimmte Ängste haben kann und wie es im körperlichen Erscheinungsbild aussieht. Eine kleine Ankreuzliste kann dem Kind, welches selbst gelesen hat oder welchem vorgelesen wurde, helfen mit Ihnen ins Gespräch zu kommen. Nutzen Sie bitte diese neue Möglichkeit.

Besorgniserregende Ängste bei Kindern sind häufig durch völlige Resignation (Verstummen, Verstecken o. ä. Dinge) oder dramatische Entäußerungen wie Schreien oder Weglaufen verschleiert und können deswegen meist nicht in der nötigen sachlichen Ruhe angegangen werden. Wir glauben, daß solche Reaktionen und Entäußerungen so alt sind wie die Menschen selbst.

Das traurige und kranke Kind äußerst sich meist durch Rückzug und Störung der körperlichen Befindlichkeit wie Appetitstörung, Schlafstörung, Unruhe, Weinen, Konzentrations- und Merkschwäche, Schweigen, Gereiztheit oder aggressive Abwehr. Der häufig gehörte Satz: „Ich bin heute so ganz traurig oder depressiv" ist typisch. Oder die Kinder machen ein Ereignis, ein Symptom für ihren Zustand verantwortlich. Dann hören wir oft beispielhaft: „Seitdem meine Katze überfahren ist, bin ich so."

Ähnlich wie Ihren Kindern wollen wir Ihnen im folgenden erstes Wissenswertes über normale und krankhafte Ängste mitteilen.

Angst – jeder kennt sie

Ängste bzw. Zustände der Angst sind typisch menschliche Reaktionen, sind ein Teil des menschlichen Lebens und erfüllen wichtige Schutzfunktionen. Unterschiedlich ist die Art und Weise, wie verschiedene Ängste zwischen Menschen variieren können. Während es scheinbar coole, wenig ängstliche Menschen gibt, sind andere Menschen gehäuft angstanfällig. Im Alltag versucht man, diese unterschiedliche Angstempfindlichkeit mit der Entwicklungsgeschichte (Angstgeschichte) des Menschen, seinen Erfahrungen, seinen Störungen, seinen Traumata oder auch Erfolgen zu erklären. Es gipfelt häufig im pragmatischen Satz: Angst hat man im Verlauf des Lebens erlernt, und man kann sie auch wieder verlernen.

So gehört Angst wohl zu unserem täglichen Leben und ist eine Antwort auf alle möglichen Alltagserfahrungen, die sich im Beruf, im Straßenverkehr, in der Auseinandersetzung um den Alltag oder bei Krankheit darstellen.

Entweder man hat berechtigte Angst, weil man Unangenehmes erlebt hat und aus Schaden gelernt hat – oder man stellt sich vor, was passieren könnte und reagiert damit gegenüber der vermeintlichen Bedrohung wie ein gebranntes Kind. In jedem Falle und in jedem Sinne erfüllt damit die Angst eine normale Schutzfunktion.

In schwierigen Zeiten der Bedrohung nehmen seelische Störungen auf der Grundlage von Angst zu. Viele Autoren sprechen deswegen über unsere Zeit vom „Zeitalter der Angst". So wäre in jedem Falle Angst der Ausdruck äußerer oder innerer seelischer Bedrohung, was vom Erschrecken in bestimmten Situationen bis zur alles beherrschenden Existenzangst reichen würde. Für unsere Kinder ist Angst das Gefühl, wenn sie in eine schwierige Situation geraten sind, und dies kann von Kind zu Kind unterschiedlichste Erlebnisse und Intensitäten des Erlebten bedeuten. Dieses Gefühl ist dann häufig situationsabhängig, wird von *allgemeiner Befindlichkeit* des Kindes, *Verhalten der Umwelt* sowie den *vielfältigen Vorerfahrungen* und den Bezugspersonen im Umgang mit schwierigen Situationen bestimmt.

So ist Angst immer eine völlig normale Reaktion des Verhaltens auf eine wirklich vorhandene Belastung oder Bedrohung. Sie kann aber auch nur als vorgestellte, nur in den Gedanken des Kindes vorhandene Bedrohung existieren. Hält man eine Situation erst einmal für gefährlich oder hat gesagt bekommen, daß es gefährlich ist, kann allein der Gedanke an die mögliche Bedrohung wie ein Alarmsignal, wie ein Sirenenton auf den ganzen Körper wirken. Vorstellbar werden wohl dann auch die Hilfen, die wir uns selbst oder unseren Kindern geben können. Diese können entweder sehr konkrete Handlungen betreffen oder wohl auch auf die Veränderung der inneren Vorstellung, also die Gedanken gerichtet sein.

Der Gedanke zu helfen, indem man konkrete Ratschläge gibt, die u. U. das Handeln des Kindes beeinflussen und gleichzeitig auch die Gedankenwelt des Kindes angreifen, scheint eine interessante Herausforderung an jede erzieherische Arbeit zu sein.

Ist Angst eigentlich erlernt?

Natürlich scheint es von überlebenswichtiger Bedeutung, sich gefährliche Situationen zu merken. Kinder überschlagen sich förmlich im sprachlichen Mitteilen und im Ausdruck, wenn man sie zu gefährlichen Situationen und angstmachenden Situationen befragt. Sie teilen ihr vielfältigstes Wissen und Erlebnisse mit, die sie in ihrem Gedächtnis gespeichert haben. Das Gedächtnis für Angsterlebnisse scheint in besonderer Weise auf eine Herausforderung zu reagieren. Meist werden im Spiel, beim Malen und Zeichnen oder beim Besuch eines Ortes Eindrücke von Angst wieder erinnert. Was ein Kind schon einmal erlebt hat und möglicherweise auf ganz andere Gegebenheiten oder Personen übertragen hat, wird mitgeteilt. Diese bisweilen übertriebene Besorgnis oder eingebildete Ängstlichkeit ist meist nur das sinnvolle Lernergebnis eines sich selbst schützenden Kindes, ist ein aus der Erfahrung gelerntes Verhalten.

So ist beispielsweise ein Weglaufen vor einem großen Hund (Situationsangst) für einen großen Teil unserer Kinder eine Art Fluchtreflex, welcher einfach zur Natur des Kindes zugehörig erscheint, und dieses Verhalten ist nur mühsam zu verändern, wenn es längere Zeit praktiziert wurde. Das Kind hat zudem erlebt, daß durch das Weglaufen eine Erleichterung erlebt wird und sich dadurch das positive Erlebnis immer wieder verstärkt. Daß jedoch sehr unangenehme Lernerfahrungen durch das Weglaufen entstehen können, ist vorstellbar. So sind Kinder, die wegen des großen Hundes nicht mehr vor die Haustüre gehen oder den Schulweg nicht mehr allein gehen wollen oder nicht mehr zum Einkaufen gehen können, oder keine Freunde mehr besuchen können in einer fatalen Lage. Dies ist nicht mehr sinnvolles schützendes Verhalten. Dann schränkt die Angst des Kindes seine Lebensqualität ein. Es werden die überkontrollierenden Verhaltensweisen, unter denen das Kind leidet, als ein Vermeidungsverhalten erkennbar, welches äußerer Hilfe bedarf. Um wieder eine bessere Lebensqualität zu erreichen, wird ein Umlernen notwendig und auch möglich.

Wie kann Angst entstehen?

Im Alltag ist es unvorstellbar, ohne irgendeine Form der Angst zu leben. Sie ist unser ständiger Begleiter bei der Lösung neuer Lebensaufgaben. Über die Alltagsängste hinaus wird jedoch das Problem der starken Angst, der krankmachenden Angst von zunehmender Bedeutung. Die Ursachen solcher psychopathologischen Ängste sind aus verschiedener Sichtweise zu sehen:

– Angst als Ergebnis des Lernens;
– Angst als Teil des biologischen Seins;
– Angst aus dem eigenen Denken heraus.

28

Angst als Ergebnis des Lernens

Sieht das Kind Angstreaktionen bei Eltern, Geschwistern oder anderen Kindern, so kann es die Verhaltensweisen der Angst nachmachen. Es hat so an einem Vorbild, einem Modell gelernt. Es kann aber auch die Angst sehr plötzlich in Folge eines schrecklichen traumatischen Geschehens (Schreckerlebnis) entstanden sein. Entscheidend ist, wie die Umwelt gegenüber den mit den Ängsten verbundenen Vermeidensverhaltensweisen umgeht. Wenn die Eltern glauben, daß nur das brave, zurückgezogene, stille und allein spielende Kind das Ziel ihrer Wünsche ist, nehmen sie dem Kind die Möglichkeit des Ausprobierens der Lösung von Ängsten. Es wird dann nur ein vermeidendes und inaktives Verhalten bekräftigt und möglicherweise „falsch gelernt".

Glauben wir Eltern, dem Kind zu helfen, indem wir jede Hilfe zur Angstbewältigung weglassen und damit nur alleine dem Kind den Kampf überlassen, dann erfährt das Kind auch keine wirkliche Hilfe als Bekräftigung. Oft wird dies vom Kind aus als Alleingelassensein oder als Strafe erlebt.

Lernen scheint sowohl bei der Entstehung von Ängsten als auch bei der Bewußtwerdung von Ängsten und bei der Bewältigung von Ängsten eine zentrale Rolle zu spielen. Und es scheint so, als würden Eltern und Kind gemeinsam täglich erneut ein geschickteres Erlernen im Umgang mit Alltagsängsten praktizieren.

Angst als Teil des biologischen Seins

Wir fühlen unsere Emotionen gewöhnlich im Körper und drücken diese Gefühle, z.B. ein Gefühl der Erregung oder Trauer, mit den Möglichkeiten unserer Sprache aus. Oft vergessen wir dabei, wie schmerzhaft wir im Körper das Gefühl der Angst gespürt haben. Oder es fehlen uns einfach die Worte.

„Mutter ist auch so ängstlich wie du", heißt es oft. Oder „der Großvater war auch so ein ängstlicher Typ wie sein

Enkel, von dem hast du es wohl". Dies sind Hinweise auf genetische Faktoren und den Einfluß neurologischer Systeme, welche zum biologischen Sein gehören. Sie stellen im Typ eine Art Grundausstattung für Ängstlichkeit, Angstniveau und Angstfähigkeit dar. Am meisten findet man solche genetischen Zusammenhänge bei ganz starken, panikartigen Ängsten und den sogenannten Phobien. Diese Zustände der Furcht vor einem bestimmten Ding oder einem Sachverhalt könnten zwar erblich von Bedeutung sein, müssen es aber nicht. Die wissenschaftliche Untersuchung dazu reicht bisher noch nicht aus, eine eindeutige Aussage darüber zu machen. Daß es Angstpersönlichkeiten besonderer Empfindlichkeit gibt, schein jedoch unumstritten.

Angst, aus dem eigenen Denken heraus

Eine Art Frühwarnsystem scheinen hochängstliche Menschen zu besitzen. Sie nehmen früher bedrohliche Situationen wahr, als dies angstfreie Menschen tun. Dies ist eine allseits bekannte Tatsache. Solche schnell angsterfassenden Menschen scheinen flott die unterschiedlichsten Reize wahrzunehmen und zu beurteilen – manchmal zum Nutzen, öfter jedoch zum Schaden. Der Eindruck, daß die Frühwarner mehr an sich denken, sich selbst mehr kontrollieren, stets mehr prüfen, ob sie jetzt sich nicht helfen können, wird häufig bestätigt. Wir nennen solche Menschen mit hoher Selbstaufmerksamkeit häufig sozial ängstliche Personen, bei Kindern spricht man von Angsthasen oder fälschlicherweise von Schwächlingen. Diese Angst erfordert von Betreffenden doppelte Kraft. Er muß mehr an sich selbst denken und gleichzeitig das Umfeld nach Signalen der Angst absuchen. Dies stellt eine anstrengende gedankliche Leistung dar und bindet viele Stunden des Tages die Kraft (Kontrollängste).

Werden solche Verhaltensweisen der Angst bei Kindern bemerkt, kommt es zwangsläufig zu extremen entgegengesetzten Antworten durch die Eltern. Die Eltern bemerken die Angst des Kindes, spüren den erhöhten Kraftaufwand, den das Kind zum Erkennen und Bewältigen der Angst benötigt und spüren sogleich die zunehmende Hilflosigkeit des Kindes. Das selbst macht Eltern wiederum Angst, stellt eine zunehmende Belastung dar und macht meist alle Eltern auch erzieherisch hilflos. Denn häufig ist das Resultat, daß Eltern Kraft vorspielen, sich selbst extrem stark darstellen und damit für das Kind unglaubwürdig werden und wiederum selbst einen Teil der Verängstigung darstelllen. Um aus diesem gedanklichen Teufelskreis herauszutreten, wird eine Versachlichung der Zustände und eine Neuorientierung im Handeln notwendig. An dieser Stelle werden einfachste Handlungsanweisungen und Ratschläge von größter Wichtigkeit.

III. Tierische Angst
(ein Spiel zur Idenfikation und Intervention)

Auf den folgenden Seiten wollen Tiere zeigen, durch welche Verhaltensweisen sie erfolgreich leben. Von den richtigen Verhaltensweisen hängt es ab, ob sie sich günstig schützen und wehren können. Du kannst allein oder auch zusammen mit einem Spielpartner entscheiden, inwieweit das tierische erfolgreiche Verhalten auch dir hilft.

Teile doch einmal mit, in welcher Angstsituation du welches Tier nachspielen möchtest. Ein solcher Erfahrungsaustausch hilft, besser verstanden zu werden und auch besser zu verstehen.

Zu den anderen rennen

Das Schaf

Ich glaube, ich bin das liebste Tier
auf der Welt. Ich bin so weich und kuschelig.
Jeder mag mich, vor allem als ich noch klein
war. Ich habe nichts Gefährliches an mir, meine
Zähne fressen nur Gras und Blumen, ich habe
keine Krallen, nichts Giftiges kennzeichnet mich.
Ich kann auch nicht so schnell rennen.
Mein einziger Schutz sind meine Freunde und meine
Familie. Wenn wir alle zusammen sind, dann bin ich
ganz sicher, dann brauchen wir keine Angst zu haben.
Am liebsten stehe ich in der Mitte von der gesunden
Herde. Alle um mich herum beschützen mich.

Ganz leise, stumm sein

Der Fisch

Das Leben ist wunderbar, ich liebe das Wasser,
die Wellen, die schönen Muscheln, die vielen
Farben und Formen im Meer.
Ganz leise schwimme ich herum und lausche
dem Gurgeln und Säuseln des Wassers.
Ich mag es nicht, wenn viel Lärm gemacht wird.
Wenn ich leise bin, dann werden die anderen
nicht so schnell auf mich aufmerksam. Gefährliche
Fische, die mich fressen könnten, schwimmen dann
an mir vorbei, weil man mich nicht hört.
Ich bin ganz still in einer Ecke und atme ruhig.
Kein Laut entrinnt meinem Maul. Dadurch habe ich
schon oft Glück gehabt. Viele denken, ich bin sehr schlau
und weise, da ich nicht immer dazwischenrede.

Wachsam sein

Die Giraffe

Wie du siehst, habe ich einen langen Hals.
Ich schaue mich gerne um und sehe alles.
Natürlich ist es auch praktisch, von Bäumen
zu essen, wenn der Kopf so weit oben ist.
Schlafen brauche ich fast nie, höchstens mal
20 Minuten am Stück. Ich passe sehr auf, daß
keine Gefahr droht und wache schnell auf,
wenn irgendetwas zu hören ist.
Meine Feinde ärgern sich sehr, weil ich immer
wachsam bin, fast alles sehe und ständig mit-
bekomme, was um mich herum los ist.

Sich ganz groß machen, Eindruck machen

Die Katze

Hallo, miau, schnurr, ich bin die liebe, süße,
verschmuste Katze. Wenn ich kuscheln möchte,
gehe ich einfach zu jemandem hin
und schmiege mich an ihn.
Habe ich aber keine Lust, dann solltet ihr mich
mal sehen. Wenn zum Beispiel ein Hund
kommt, mache ich mich ganz groß. Meine Haare
stehen zu Berge, ich mache einen Buckel und fauche
furchterregend. Manchmal bekommt mein Gegner
auch eine Backpfeife von mir. Alle denken dann,
ich bin viel größer und habe keine Angst, wenn ich
meinen Buckel mache und die Krallen zeige.
Ich lasse mir nichts bieten.

Eine dicke Haut haben

Der Elefant

Tataratata, ich bin da. Jeder hört meine Schritte
und mein Trompeten. Mein langer Rüssel ist sehr
gelenkig, ich stecke mir damit Pflanzen in den Mund.
Meine Stoßzähne brauche ich kaum,
um mich zu verteidigen.
Ich bin so groß und habe eine dicke, graue und faltige
Haut. Eine Elefantenhaut. Da juckt einen so schnell
nichts! Wer mich verletzen will, braucht schon
besondere Waffen. Kleine Kratzer machen mir nichts aus.
Es sieht jeder sofort, daß ich schwer zu verwunden bin.
Daher versuchen es auch wenige.
So kleinen Ärger um mich herum nehme ich
gar nicht wahr, bleibe davon unberührt.

Um sich schlagen

Der Schwan

Wer mich sieht, sagt: „Was für ein elegantes
Tier!" und das bin ich auch. Ich biege meinen
Hals und sehe ein bißchen aus wie ein großes S.
Still und ruhig treibe ich auf dem Wasser,
keiner sieht, wie sich meine Füße bewegen.
Umso eindrucksvoller ist es, wenn ich um mich
schlage. Kommt ein Feind, peitschen meine Flügel
das Wasser. Es ist dann richtig laut und knallt ganz
toll. Das Wasser spritzt um mich herum, und jeder
kann sehen, wie groß ich bin, wenn ich die Flügel
ausbreite. Ich schlage um mich, treffe zwar niemanden,
aber das brauche ich auch nicht, denn jeder hat so
Respekt vor mir.

Stechen bei Berührung

Die Biene/Wespe

Wer mich sieht und mich nicht kennt, möchte mich
streicheln. Sie sagen, ich sehe so schön aus mit meinem
gelb-schwarz-gestreiften Anzug. So kuschelig
weich. Und so niedlich klein, ganz ungefährlich.
Aber wer mich kennt, hat viel Respekt, der weiß,
daß ich die Geheimwaffe bei mir habe, einen spitzen
kleinen Stachel. Wen ich damit steche, der denkt lange
an mich. Mein Stich tut nämlich weh, und die Haut
bekommt einen roten Hügel. Ich sage nur: klein,
aber oho. Ich setze den Stachel fast nie ein,
das brauche ich nicht mehr, es hat sich rumgesprochen,
daß ich mich wehren kann.

Sich verkriechen

Der Maulwurf

Psst, sei bitte leise. Ich bin ein so lieber
und nützlicher Kerl. Aber ich mag nicht,
wenn es laut oder hell ist. Deshalb sieht
man mich kaum draußen. Ich baggere fleißig
meine Gräben, und die Erde wird dadurch
locker, aber ich bin doch etwas scheu.
Ich lebe am liebsten in meiner dunklen
kleinen Höhle, wo es kuschelig und dunkel
ist. So oft es geht, bin ich hier unten.
Mich mit anderen treffen, macht mir selten Spaß.
Hier bin ich sicher, keine Gefahr droht mir.

Laut brüllen, sich wehren

Der Löwe

Wer kennt mich nicht? Man nennt mich den
König der Tiere, und das hat seinen guten
Grund! Wie schön und stolz ich laufe, was
für eine prachtvolle Mähne ich habe,
welche goldene Farbe, wunderbar!
Und wenn eine Gefahr droht, dann brülle ich
einfach furchterregend laut und zeige meine
scharfen Zähne und Krallen. Jedes große und
kleine Tier weiß dann auch, daß ich mir nichts
bieten lasse und man vor mir Respekt haben muß.
Ich pflege meinen Ruf und freue mich daran,
wenn andere Angst vor mir haben und nicht merken,
wenn ich mich selber fürchte.

Sich geschickt tarnen

Das Zebra

Hallöchen, ich bin das gestreifte Zebra.
Ach wie amüsiere ich mich, daß sich alle
streiten, warum ich diese schönen Streifen
habe. Ich bin sehr modern angezogen,
schwarz-und weiß gestreift, das macht schlank.
Kein anderes Zebra hat dieselben Streifen wie ich.
Ich bin einmalig.
Wenn du mich auf der heißen Steppe stehen siehst,
flimmern deine Augen. Meine Streifen verwirren
meine Feinde. Das ist ein gutes Tarnmittel.
Tschüßle dann!

Ganz stachelig werden

Das Stachelschwein

Ja, ja, ich weiß. Viele Tiere haben Stacheln.
Der Igel, die Biene, die Wespe und andere
Tiere. Aber meine Stacheln sind die besten.
Sie sind lang und dick und sehr stark und stabil.
Dazu sehen sie aus wie Mikadostäbchen.
Ich habe sie immer ausgefahren. Versuch doch
mal, mich zu streicheln. Ha, ha, das traust du dich
nicht, was? Keiner traut sich so richtig an mich
ran. Jeder weiß, daß wenn er mich aus Versehen
berührt, es ziemlich weh tut. Keiner traut sich,
mich zu ärgern, das wäre eine stachelige Angelegenheit.

Laut quieken

Das Schwein

Fein, ich bin zwar ein Schwein, doch nur,
weil ihr Menschen das als Schimpfwort sagt,
das kaum an meiner Ehre nagt.
Stacheln habe ich keine, auch nicht sehr
schnelle Beine. Aber eins kann ich ganz
wunderbar, so laut quieken, daß sich
aufstellen alle Haar! Die ganze Gegend
hört mich dann, so daß ein Feind mich
nicht heimlich berühren kann.
Ich quieke ganz laut, wenn mich mein Bruder
haut, und meine Mama kommt dann an
und schimpft den Fabian.
Diesen Trick, finde ich schick.

Sich zusammenziehen

Der Igel

Ich bin der Igel. Ich bin sehr schreckhaft.
Zeige mich wenig. Meistens nachts.
Habe einen guten Trick.
Kommt jemand, werde ich zur Kugel. Stachelkugel.
Der Fuchs kann lange an mir schnuppern.
Pieckst sich nur in die Nase.
Sehe nichts mehr, wenn ich eine Kugel bin.
Das macht aber nichts. Ich ziehe mich zusammen
und fühle mich sicher.
Genug geredet. Muß mich schützen.
Hau ruck – bin ich eine Kugel.

Stinkig werden

Das Stinktier

Kennt ihr mich? Hier in der Gegend weiß
man kaum, wer ich bin. Viele mögen mich nicht,
wollen mir nicht zu nahe kommen.
Das ist zwar manchmal traurig, oft aber sehr gut.
So brauche ich kaum Angst zu haben.
Meine Mami sagt oft zu mir, sei doch nicht so stinkig.
Aber manchmal erreiche ich dann was ich will,
wenn ich ein bißchen stinke, daß heißt,
stinkig bin. Aber nicht weiterverraten!

Abwarten können

Der Hase

Mein Name ist Hase. Ich bin viel draußen an
der frischen Luft. Manchmal erschrecke ich,
wenn ich so über das Feld hoppele und es
kommt jemand. Dann ducke ich mich ganz
schnell, damit ich nicht gesehen werde.
Ich glaube, so bemerken mich viele einfach nicht.
Erst wenn mein Feind fast auf mich drauftritt,
hüpfe ich schnell davon. Ich hoppele hierhin und
dorthin, zick-zack, damit verwirre ich meinen Gegner.
Der weiß gar nicht so recht, wo ich gerade bin, ob
hier oder da, ob zick oder zack. Schlau was?

Zuflucht suchen

Der Einsiedlerkrebs

Manche tragen ihr Haus mit sich herum wie
die Schnecke, ich mache es wie die Menschen,
ich habe ein Haus, in das ich rein- und rausgehe.
Ich habe das Haus nicht selbst gebaut.
Ich suche mir ein leerstehendes Haus.
Wenn die Luft rein ist, komme ich raus,
droht eine Gefahr, gehe ich schnell ins Haus.
Da bin ich sicher, niemand Fremdes kann reinkommen.
Ich mache es mir gemütlich und bin ruhig und sicher
in meinem Haus.

Versuche doch bitte einmal, einige Tiere nachzuspielen. Suche dir drei Tiere aus und überlege dir, in welcher Angstsituation du so wie das jeweilige Tier sein könntest.

Hast du auch Erfolg?	Beispiel
Zu den anderen rennen	Auf dem Pausenhof
Um sich schlagen	
Stechen bei Berührung	
Sich ganz groß machen	
Wachsam sein	
Ein dickes Fell haben	
Ganz leise sein	
Ganz stachelig werden	
Sich verkriechen	
Laut quieken	
Laut brüllen und Eindruck machen	
Sich tarnen	
Sich zusammenziehen	
Stinkig werden	
Abwarten können	
Zuflucht suchen und sich verstecken	
Ruhig sitzen bleiben	
Schnell wegrennen	

IV. Die Helfer und Hilfen gegen die Angst

Für die Kinder

Du kannst sehr froh sein, jetzt zu leben. In früherer Zeit, wenn ein Kind Angst hatte, wurde wohl weniger geholfen. Die Eltern hatten weniger Zeit, sich Sorgen um die Angst von Kindern zu machen. Auch wußte man nicht so viel darüber, wie es zu solchen Ängsten kommt,und daß man auch später eine ungünstige Entwicklung haben kann, wenn man nicht rechtzeitig Hilfe sucht und findet. Es waren aber früher keine schlechteren Eltern als jetzt, vielmehr hatte man mehr Sorgen im Alltag und mit sich selbst, z. B. damit genug zu essen da war, es immer in der Stube warm war und die kranken Mitmenschen versorgt wurden. Deswegen mußten die Kinder schon früh mitarbeiten und vielleicht auch mehr zu Hause mithelfen. Spielsachen gab es viel weniger als jetzt, und die Kinder hatten weniger Lieblingsspielzeug, nur wenige hatten einen Teddy oder ein Stofftier.

Hatten Kinder früher Ängste, dann wurden ihnen Märchen und Geschichten erzählt, in denen ängstliche Kinder den Drachen besiegten und zu Helden wurden. Diese Hilfe war aber oft durch Zauberkräfte gegeben, es waren dann Wunder, die passierten. Fremde Hilfe ist zwar sehr schön, besser aber wäre es, wenn man sich selber helfen könnte oder wenn einem direkt gesagt wird, wie man sich selber am besten helfen kann. Wenn die Ina damals Angst hatte oder schlecht geträumt hatte, sagte sie z. B. den Märchenspruch: „1, 2, 3, Angst ist vorbei." Dieser Märchenspruch mußte dann der Ina helfen. Heute nimmt Ina dabei ihren Teddy fest in den Arm. Die Mutter hat ihr empfohlen, dabei an etwas ganz Schönes zu denken und ihr erklärt, daß man häßliche,

51

ängstliche Gedanken auch anhalten, richtig stoppen kann. Damit hat die Ina jetzt die Möglichkeit, selbst etwas dafür zu tun, damit es besser wird.

Früher wurde aber den Kinder nicht so viel Angst gemacht wie heute. Fernsehen, Video oder auch die vielen Zeitungen erzählen heute den ganzen Tag von Angst und Sorgen. Heute ist das Kind mehr alleine mit diesen vielen Nachrichten und Informationen, welches es hört, sieht und fühlt.

Es sind wohl deswegen auch jetzt mehr Menschen unbedingt bereit, ängstlichen Kindern zu helfen. Es gibt sehr, sehr viele nette Helfer. Jeder kann sie finden, wenn er wieder an sich selbst glaubt, vertraut und sucht.

Wenn ich als Kind mit einem Fernseherlebnis, was mir Angst gemacht hat, allein bin, muß ich ausprobieren, die Angst einmal auszuhalten, sie nicht größer werden zu lassen. Den Kopf nur unter die Decke zu halten oder in den Sand zu stecken, wie man es vom Vogel Strauß kennt, bringt nur einen kurzfristigen Erfolg. Alle Kinder wissen jetzt, daß die Angst im eigenen Kopf geschieht, daß sie in den eigenen Gedanken entsteht. Wir kennen die vielen Tricks erfolgreicher Angst-Besieger-Kinder. Viele Kinder haben, indem sie probiert haben, die Angst wieder einmal auszuhalten, sie im Kopf besiegt, also mit guten Ideen und Gedanken gelernt, der Angst zu begegnen. Es heißt dann, daß diese Kinder ein Angsttraining machen, wie sie wieder Vertrauen erlernen können.

Wer nicht hilflos seiner Angst gegenübersteht, wer weiß, daß man mit Angstgedanken lernen kann zu spielen und zu arbeiten, der hat schon halb gewonnen. Man braucht dann ja nur noch sich selbst etwas auszudenken, jemanden um Rat zu fragen oder sich von jemandem direkt helfen lassen.

Wichtig ist es noch zu wissen, daß es leichte und kleine Ängste gibt, dann braucht man eben nur leichte und kleine Hilfen. Für größere und schwerere Ängste kann man auch größere und deutlichere Hilfen beanspruchen. Kalle sagte einmal spielerisch: „Man muß ja nicht auf kleine Spatzen schon mit großen Kanonenkugeln schießen", d. h., er meint, daß man erst einmal die einfachen Hilfen probieren soll, bevor man schon die größeren Hilfen oder fremden Hilfen beansprucht.

Im folgenden wollen wir dir hier einige bekannte und bewährte Hilfen mitteilen:

Ganz tolle Tricks
Die Angst wieder anschauen können
Das Ganz-Kleine-Schritte-Programm
Das Vorbild suchen
Spiele gegen die Angst lernen
Anspannen – Entspannen
Tolle Übungen mit dem Körper und den Sinnen
Zum Doktor gehen, sich beraten lassen
Medikamente und natürliche Heilmittel
(Tabletten und Tropfen)

Ganz tolle Tricks

Ein toller Trick ist es, mit anderen Menschen über die Angst wieder reden zu können, dabei cool und ruhig bleiben.

Man kann auch Kinder und Erwachsene wieder einmal um eine Hilfe bitten, sich getrauen, sich helfen zu lassen.

Sehr hilfreich ist es, wenn man für sich selbst unterscheiden kann, was ich alleine schaffen kann gegen die Angst und wo ich um Hilfe bitten muß. Ich kann auch allein anfangen und später mir helfen lassen.

Herrlich ist es zu wissen, daß man Gedanken, die einem Angst machen, auch einfach anhalten und stoppen kann. Wer diese Erfahrung gemacht hat, hat folgendes probiert: Stelle dir einmal etwas Unangenehmes Angstmachendes vor und denke daran. Zähle bis drei, und ziehe dann einmal kräftig die Schultern hoch und hole dabei Luft. Dann laß die Schultern einfach wieder fallen, und atme dabei aus. Wenn

du dich auf den Atem und das Anziehen der Schultern kon-
zentrierst, kannst du für einen Moment den chronischen
Angstgedanken unterbrechen. Beim nächsten Mal verlänge-
re die Zeit, zähle bis vier, und ziehe dabei noch kräftiger die
Schultern an, und atme kräftiger ein. So kannst du für einen
kleinen Moment einen Angstgedanken unterbrechen.

Nun als Beispiel noch ein weiterer Trick: *Das Angstthermometer.* Jeder kennt ein Fieberthermometer, es zeigt hohe
und niedrige Temperaturen an. Unser Angstthermometer
ist genauso wie das Fieberthermometer aufgebaut, es soll
ganz schlimme, große Ängste und kleine nicht so wichtige
Ängste anzeigen helfen.

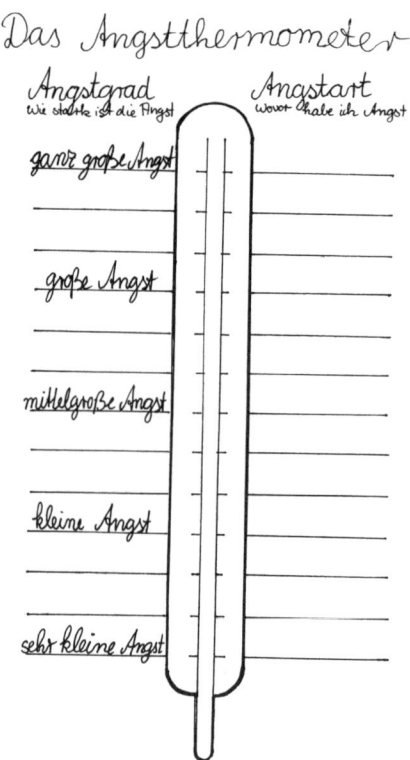

Schreibe erst einmal alle Ängste, die dir einfallen, auf einen Zettel. Ordne nun diese Ängste von sehr klein bis ganz groß. Schreibe in das Arbeitsblatt, das vor dir liegt, rechts die Angst hin, und ordne sie nach ganz groß und ganz klein.

Jetzt kannst du entscheiden, ob du mit der kleinsten und geringsten Angst beginnst oder vielleicht schon eine mittlere Angst dir vornehmen willst. Geschickt ist es, mit der kleinsten Angst zu beginnen.

Jede einzelne Angst läßt sich in Hilfsschritte, wie du sie folgend bei der Spinnenangst kennenlernst, aufteilen.

Hast du eine Angst erfolgreich bearbeitet, notiere es mit einem Farbstift in deinem Angstthermometer ein, oder male die Mittellinie in Farbe aus, wie weit du gekommen bist. Sieh dir das Angstbeispiel an!

Die Angst direkt wieder anschauen können

Alles, was mir Angst gemacht hat, will ich nicht mehr vermeiden. Ich will probieren, es wieder auszuhalten. Ich schaue wieder hin. Ich rede darüber. Ich versuche, über die Angst zu malen oder zu zeichnen. Ich kann es auch im Spiel darstellen.

Je länger ich es aushalte, desto besser wird es mir später gehen. Ich werde mich auch über den Erfolg dann freuen, weil ich ja jetzt weiß, daß Aushalten stärker macht.

Ich kann dabei in ganz kleinen Schritten beginnen, es gibt aber auch sehr mutige Kinder, die gleich bei ganz schlimmen Ängsten beginnen und gewinnen.

Wenn ich wieder hinschaue, muß ich auch lernen, neu zu denken. Ein Kind, das immer weggeguckt hat, weggelaufen ist oder nie wahrhaben wollte, daß etwas ängstlich macht, hat immer mehr verloren. Die Angst wird desto kleiner, unbedeutender und geringer, je mehr man wieder probiert hat, die Angst auszuhalten. Und wenn man hinschaut, kann man auch einen neuen Gedanken, einen guten Gedanken dabei haben. „Ich weiß, es kann mir nichts passieren!" könnte so ein Gedanke sein, den man sich immer wieder leise vorsagt und dabei versucht hinzuschauen.

Weglaufen hilft nur im Moment, besser ist es auszuhalten. Auch wenn etwas Schlimmes passiert ist, soll man es nicht immer nur vergessen wollen oder einfach nicht daran denken. Man kann ja auch in Gedanken oder richtig mal probieren, ob man es anders erleben kann. Ob man sich nicht anders als früher verhalten kann. Ein Beispiel dazu: Ich laufe nicht gleich weg, wenn wieder ein Junge mich hauen will. Ich bleibe dann mal kurz stehen und schaue mal hin. Ich kann auch probieren, einfach an ihm vorbeizugehen oder ihn sogar anzusprechen. Gleich was geschieht, ich bin dann stärker geworden, weil ich etwas Neues ausprobiert habe.

Probiere ich es nicht einmal anders aus, wird die Furcht immer größer, und ich muß immer öfter und vor immer mehr Menschen weglaufen.

Wer erfolgreich lernen will, der Angst wieder ins Auge zu schauen, muß sich Zeit dafür lassen. Weil man es oft probieren muß und in kleinen Schritten vorgeht, wird es ein Geduldspiel.

Das Ganz-Kleine-Schritte-Programm

Ina möchte in kleinen Schritten ganz neue Tricks ausprobieren, sie will, daß die Angst weggeht, daß sie wieder draußen und im Haus spielen kann. Deswegen hat sie sich eine schöne Aufgabe vorgenommen, sie will es bei den Spinnen und ihrer Angst vor den Spinnen probieren, sie weiß aber auch, daß man so ein Spiel einsetzen kann, wenn man sich vor anderen Dingen fürchtet. Achte jetzt einmal unbedingt auf die folgenden Schritte und übe mit, wenn es dir Spaß macht:

1. Schritt
Ina nimmt sich vor, einmal ein paar Spinnen auf ein Blatt zu malen, sie sollen lustige Gesichter bekommen. Sie zeigt diese Spinnen ihren Freundinnen und auch den Eltern. Das Bild von ihrer Spinne, welcher sie auch einen lustigen Namen gibt, hängt sie sich ins Zimmer an die Wand.

2. Schritt

Es ist ein neuer Tag, und Ina schaut sich ein Bilderbuch über Spinnen an, welches sie von der Mutter erbeten hat. Die Mutter hat lange gesucht und in einem Tierbuch Bilder von Spinnen gefunden. Während sich Ina diese Bilder anschaut, darf sie dazu ein Eis schlecken und sich dabei selbst belohnen. Sie zeigt an diesem Tag der Mutter und der Freundin, was sie gemalt hat und wie sie auch schon das Buch mit den Spinnen anschauen kann.

3. Schritt

Ina hat sich in ihrer Kuschelecke ein Kissenhaus gebaut, kriecht hinein und denkt einmal an die gemalte Spinne und dann an die richtige Spinne aus dem Buch. Sie stellt sich dabei die Spinne richtig vor und zählt von 1 bis 10. Das hat sie dann schon sehr lange ausgehalten und geschafft. In ihren Gedanken darf sie sich jetzt schon „Denkkönigin" nennen.

4. Schritt

Die Mutter war sehr erstaunt, als Ina sie gebeten hat, ihr im Spielladen eine Gummispinne zu kaufen und sie dann an einen bestimmten Ort ins Kinderzimmer zu legen. Sie will diese Spinne dann selbst suchen. Wenn sie die Spinne gefunden hat, will sie alleine nachsehen und entdecken, woraus die Spinne hergestellt ist. Ist es eine Gummispinne, kann man sie anfassen, wie riecht diese Spinne, ist sie schwer oder leicht. Ganz überraschend ist es, daß Ina dann zur Spinne laut sagen kann, so daß die Mutter es auch hört:

„Du Spinne – ich gewinne!" Am Abend feiert sie in ihrem Kissenhaus ein kleines heimliches Fest, natürlich ist die Gummispinne dazu eingeladen.

5. Schritt

Ein neuer großer Tag beginnt. Ina hat die Mutter zum Erstaunen gebracht, als sie sie gebeten hatte, eine Spinne mit langen Beinen und kleinem Kopf, so wie sie sich in der

Stubenecke oft bewegt, zu fangen und in ein Marmeladenglas mit kleinen Löchern im Deckel, damit die Spinne Luft bekommt, zu geben. Das Glas steht in der Ecke des Zimmers. Nun geht Ina in kleinen Schritten mit ganz vielen Pausen und zwischendurch ihren Spruch aufsagend und vielleicht ein Eis dazu schleckend auf das Glas zu. Schritt für Schritt mit immer größerem Erfolg. Ina weiß, daß die Spinne im Glas ist, und sie weiß auch, daß sie im Spiel es bisher geschafft hat, die Angst vor der Spinne auszuhalten. Sie hat sich sogar ein kleines Lied ausgedacht, das sie nun der Spinne vorsingt: „Du liebe Spinne, ich gewinne. Meine Angst ist fort, ich bringe dich an einen anderen Ort." Nun trägt Ina das Glas in den Garten, macht den Deckel auf und läßt es dann bis zum nächsten Tag stehen.

6. Schritt

Sie will am nächsten Tag sogar „Königin der Spinnen" werden. Deswegen geht sie schon morgens in den Garten, will sehen, ob sie irgendwo eine Spinne sieht, und es ist überhaupt nicht ausgeschlossen, daß sie sogar in dem Glas eine Spinne fängt. Sie kann es selbst noch gar nicht glauben, aber in ihr selbst ist jetzt der starke Wunsch, auch das noch zu schaffen und die Spinne im Glas dann der Mutter und den Freundinnen zu zeigen.

Die Spinnenangst-Treppe

Welche Stufe habe ich schon erreicht?

1 _____

2 _____

3 _____

So eine kleine Schrittechnik wie auf einer Angsttreppe muß Spaß machen. Deswegen muß man sich bei den Aufgaben belohnen, man darf singen, naschen, lustig sein und muß sich dabei wohlfühlen. Kalle hat sich einmal bei seinen vielen Schritten fotografieren lassen und durfte alle sechs Bilder in einem eigenen Rahmen sich ins Kinderzimmer hängen.

Noch etwas haben wir erlebt: Ein Junge, den wir kennen, hatte große Angst vor einem lauten Knall. Er war einmal bei einem Autounfall dabei gewesen. Er wollte nicht die kleinen Schritte gehen, sondern wollte, daß ganz schnell die große Angst weggeht. Deswegen hat er viele Treppen einfach übersprungen. Er hatte den Mut gefunden, mit dem Vater zusammen in ein Zimmer zu gehen, wo er ganz, ganz viele Luftballons aufgeblasen hatte. Dann hat er mit einer Nadel alle Luftballons schnell hintereinander zerstochen und diese platzen lassen. Er war sehr erstaunt, daß seine Mutprobe belohnt wurde und seine Angst „mit einem Mal" verschwunden war. Auch er hatte einen neuen Trick entdeckt.

Es ist sehr einfach, was dieser Junge entdeckt hat. Er hat erfahren, daß übermäßiges lautes Knallen auszuhalten ist. Er erinnerte sich später, wann immer Lärm oder Knallen um ihn herum zunahmen, an seinen Erfolg beim Luftballonknallen.

Ein ganz tolles Vorbild suchen – sich selbst etwas Mutiges sagen

Wenn ein Kind ein anderes Kind beobachtet, welches mutiger als es selbst ist, z. B. abends im Bett nicht weint, sich vor Dunkelheit nicht fürchtet – dann kann es bemerken, daß es gar nicht so schlimm ist, mal allein und im Dunkeln zu sein. Es hat dann ein Vorbild gefunden und sagt sich selbst mit leiser Stimme: „Das ist ja gar nicht so schlimm, nicht so gefährlich – wie ich dachte!" Solche Gedanken sind dann eine erste Hilfe gegen die Angst.

61

Wenn man danach noch sich selbst Mut macht, zu sich selbst etwas Mutiges laut sagt, dann wird dies eine „**Super-Hilfe**".

Einige solcher Kinder haben ganz feste Sätze, die sie sich selbst zu bestimmten Zeiten sagen:

> Kein Geschrei – Angst vorbei.
> Der Hund ißt Quark, ich bin stark.
> Keinen Zweck, Angst ist weg.
> Mal allein, das ist fein.

Wenn man sich zu solch einem Satz noch ein Bild malt oder eine Figur ausdenkt, wird er noch erfolgreicher.

Kalle war sehr erfolgreich, als er eine Kassette über ein „Mutmännle" hörte. Er merkte sich genau, was sein Held auf der Kassette sagte, wenn er in Not war. Kalle hatte dann von seinem Kassettenvorbild die Sprache und den Mut übernommen. Du kennst bestimmt viele solcher schönen Kinderkassetten und viele Kinder, die dir dann ein Vorbild sind.

Anspannung – Entspannung

Angst spannt den ganzen Körper an, Vertrauen macht alle Muskeln locker. Selbst bestimmen kann man darüber, ob man angespannt ist oder locker. Wie man das macht, mußt du unbedingt gleich einmal ausprobieren: Übe mit, wie auf den folgenden Bildern:

1. Lege dich hin, atme kräftig ein, schließe die Augen. Ziehe alle Muskeln an (Schultern, Arme, Beine, Kopfmuskeln).
2. Halte den Zustand und zähle in Gedanken bis 5.
3. Strecke die Arme und Beine von dir, laß die Schultern fallen und entspanne alle Muskeln. Atme dabei kräftig aus und öffne die Augen.
4. Bleibe noch etwas liegen. Sprich leise oder laut: „Ich tue hier liegen, bin sehr zufrieden."

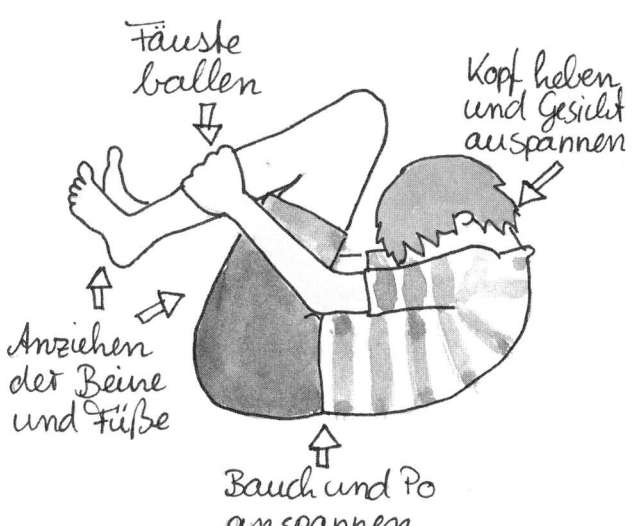

Fäuste ballen

Kopf heben und Gesicht anspannen

Anziehen der Beine und Füße

Bauch und Po anspannen

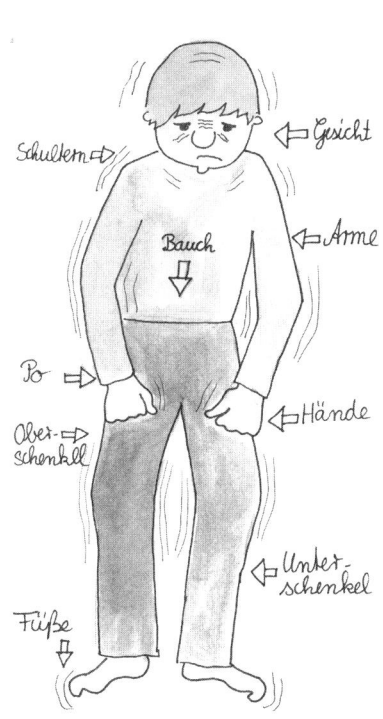

Schultern

Gesicht

Bauch

Arme

Po

Hände

Ober-schenkel

Unter-schenkel

Füße

Anspannen von:

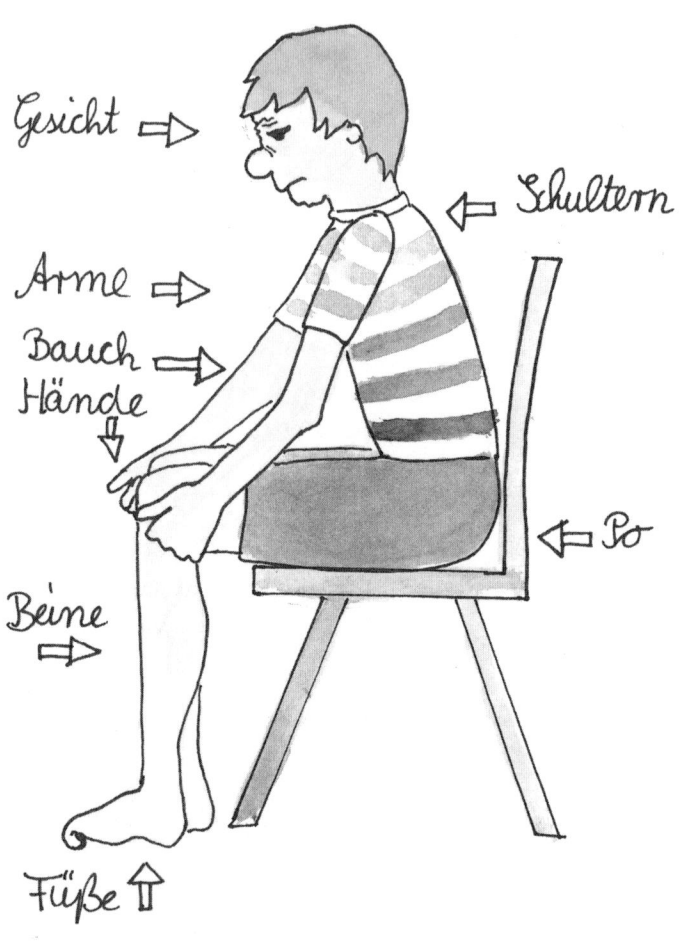

Gesicht ⇨

Schultern ⇦

Arme ⇨

Bauch ⇨
Hände ⇩

Po ⇦

Beine ⇨

Füße ⇧

Übe zuerst alle Muskeln einzeln anzuspannen, dann alle zusammen.

Spiele gegen die Angst

Herrlich ist es, wenn man Vater-Mutter-Kind spielt. Einmal spielt man das mutige Kind, dann den mutigen Vater. Wer etwas spielen kann, darf es auch wirklich ausprobieren, er muß wissen, daß es dann auch wie im Spiel klappt. Alles, was man im Spiel probiert, klappt später besser. Kalle weiß sehr genau, daß er schneller Radfahren gelernt hat, weil er früher mit dem Roller geübt hat.

Im Spiel macht man jemanden nach, und man darf auch selbst einmal jemand anders sein. Man darf größer, stärker, mutiger, schneller und klüger sein.

Wir haben vielen anderen Kindern bei Angst- und Mutspielen zugesehen. Es war eine Freude zu bemerken, wie im Spiel die Angst verschwand und Vertrauen und Sicherheit auftauchten. Einige Kinder hatten wir gefragt, was bei dem Spiel zu beachten ist und wir mitteilen sollen:

Man soll sich ein interessantes Spiel ausdenken, was man vielleicht nicht wirklich darf, aber man gerne tun möchte:

– Einen ganz hohen Berg besteigen,
– ins tiefe Wasser tauchen,
– zu den Sternen fliegen,
– selbst ein Tier unter Tieren sein
– ein großer König für viele Menschen sein,
– mal Vater oder Direktor oder Lehrer sein.

Dann muß man sich mit viel Fantasie auch noch ein Erlebnis ausdenken, eine Geschichte wie z. B. :

– es ist etwas Geheimnisvolles geschehen,
– das Böse bedroht das Gute,
– es wurde etwas verloren,
– ein Schatz wird gefunden,
– Tiere können sprechen oder Maschinen reden,
– ich treffe jemanden, der nicht mehr lebt,

– ich treffe mich mit Pipi Langstrumpf,
– meine Katze kann reden.

Diese Erlebnisse muß man dem Spielkameraden mitteilen und ihn bitten, mitzuspielen.

Jetzt wird noch festgelegt, wer was sein soll oder welche Rolle man übernehmen will, man ist ja Schauspieler geworden:

Es wäre schön, wenn das Kind, welches Angst hat, auch mal den Mutigen, den Starken und den Erfolgreichen spielen darf. Nun wird vereinbart, daß man sich selber mal genau beobachtet, so wie man als Schauspieler oder als Spürhund ist. Das macht großen Spaß, weil man das ja sonst nie macht. Man darf auch Zettel verteilen, wo man sich selber beobachtet oder das, was man beobachtet hat, aufschreibt, mit Punkten bewertet oder z. B. Noten vergibt.

Während des Spiels darf man auch Pausen machen.

Man darf was Naschen, was Trinken, sich aus der Küche etwas holen oder sich einfach mal in die Kuschelecke zurückziehen. Soll man es ganz richtig machen, dann darf man zwischen dem Spiel ausruhen und sich entspannen. Geschickt ist es, eine Anspannungs-Entspannungsübung, wie du sie jetzt schon kennengelernt hast, auszuprobieren. Dabei kann man überlegen, wie man dann erfolgreich weiterspielt.

Nach dem Spiel wird immer gefeiert.

Alles, was schön war, wird sich gegenseitig erzählt. Besonders was gefallen hat, muß man dabei erwähnen. Man kann das Spiel auch wiederholen und dabei die Rollen tauschen. Jeder darf mal probieren, wie er es schon richtig kann. Wir wollen ja auch den Eltern und den anderen Kindern über unser Spiel erzählen. Meist werden wir sehr bestaunt über unsere guten Einfälle.

Was wir noch sagen wollen:
Jeder gute, erfolgreiche Spieler verändert sich selbst. Du wirst nach deinem Spiel wirklich klüger, größer, mutiger und erfolgreicher sein. Auch wenn du im Spiel nicht der Sieger warst, hast du doch gewonnen.

Du siehst, es gibt viele Hilfen. Vieles kann man selbst ausprobieren, wenn man will. Aber es gibt auch viele Menschen, die helfen wollen. An erster Stelle stehen Eltern und Großeltern, welche besonders bei vielen kleinen Ängsten aus eigener Erfahrung mit Rat dich begleiten. Wenn du meinst, daß die Eltern selbst Angst haben, kannst du mit ihnen auch darüber reden. Wir haben dies mit deinen Eltern in diesem Buch vereinbart. Sie sind stolz, ernst mit dir über sich reden zu können. Des weiteren gibt es Menschen, die ganz nahe sind. Rede mit Nachbarn oder Verwandten, mit der Erzieherin oder der Lehrerin. Sie kennen viele andere Kinder und deren erfolgreichen Kampf gegen die Angst. Besonders geschickt warst du, wenn es dir gelingt, mit Freund oder Freundin zu reden oder zu spielen. Dort erfährst du, du bist nicht allein. Verschiedene Kinder haben verschiedene Ängste, vieles ist deiner Angst ähnlich, und natürlich darf man auch Tricks abgucken. Bei größeren Ängsten oder wenn du glaubst, daß die Angst der Eltern selbst zu groß ist, bitte sie dann, mit dir zu einem Arzt oder zu einem Psychologen zu gehen. Dieser hat in seinem Beruf gelernt, wie man Angst behandelt. Er wird dir zuhören und dann über die richtige Hilfe entscheiden. Laß dir sagen, daß du noch jung bist. Je eher man es versucht, gegen die Angst vorzugehen, mehr zu wissen und zu probieren, desto besser ist es. Erwachsene haben es schwerer, das Verhalten umzustellen, sie haben sich schon sehr stark daran gewöhnt, mehr als dies bei einem Kind der Fall ist.

Für die Erwachsenen

Wir haben unseren Kindern mitgeteilt, daß unser Leben mehr oder weniger früher und jetzt von Angst- und Schuldgefühlen bestimmt wird. Sich vor Dingen zu fürchten, wird ganz normal in der Erziehung gelehrt – damit man von seiten der Erziehenden besser und erfolgreich führen und schützen kann. So eigenartig es klingen mag, auch die Ehrfurcht vor Erwachsenen, vor Lehrern oder Behörden, die wir direkt oder indirekt unseren Kindern mitteilen, ist mehr als bloße Achtung, ist letztlich mit Angst verknüpft. So scheint eine angst- und furchtfreie Erziehung zu angemessenen Verhaltens- und Erlebnisnormen fast nicht vorstellbar und erreichbar. Und es mehren sich nicht zufällig in letzter Zeit bei zunehmender Gewaltbereitschaft unter Jugendlichen Forderungen, daß von seiten der Erziehenden und staatlichen Behörden mehr angstmachende Haltungen und Strafen gefordert werden. So wird unter Umständen die Suche nach mehr Halt und z. B. zunehmender religiöser Bekenntnisse fälschlicherweise mit mehr Forderungen nach Angst verknüpft. Oder umgekehrt wird das Nachlassen der Bereitschaft, Normen und Werte anzuerkennen, mit weniger Angst kausal verknüpft. Dies erscheint uns eine kurzsichtige und naive Erklärung. Auch wird von unserer Seite her so der Begriff der Angst nicht gesehen.

Im Meinungsstreit wird uns Eltern und Lehrern vorgeworfen, wir würden mit Geboten, Verboten, Versprechungen und Belobigungen quasi erpressen – weil die Angst, nicht die Norm einzuhalten, nicht angepaßt zu sein oder nicht mehr so gut zu sein wie eben früher, auch das Ergebnis des Denkens und Fühlens nach einem Erfolg sei. Dies würde bei Anerkennung dieser Haltung ein ausweglöses Dilemma darstellen. Wäre da nicht der wahre Schlüssel zum Erfolg in der kleinen Kinderwahrheit: „Es gibt viele, viele Ängste, das ist eben so." Jeder kann aber lernen, sie wegzukriegen. Man muß es nur mal versuchen wollen, ohne Angst und Furcht zu leben. Je früher man damit beginnt – desto günstiger ist es. Ich muß einfach immer etwas gegen meine Angst tun.

Dieses unbekümmerte kindliche Denken ist wohl unser Trost bei allen Versagensgefühlen, daß wir selbst für die Ängste der Kinder verantwortlich sein sollen. Wesentlich ist es noch zu bemerken, daß von Gruppenverhalten einzelner Jugendlicher beispielsweise nicht auf Erleben von Einzelpersonen geschlußfolgert werden kann. Auch hier ist der Gegenstand der Angst nicht der Inhalt unserer Darstellungen.

Angst ist für uns eine Erlebnisqualität, die ein sofortiges oder länger währendes Gefühl von Zufriedenheit, Geborgenheit und Glück nicht zuläßt, die es vor allem dem Kind versagt, seiner Haupttätigkeit, dem Spielen oder Lernen, nachzugehen. Es gilt günstigste soziale Fertigkeiten im Rahmen aller Hilfen zur Angstbewältigung zu entwickeln. Wir geben jenen Theoretikern recht, die auch dem Angstkranken gegenüber das Behandlungsziel formulieren als ein „erfolgreiches Zusammensein in Gruppe, Familie und Lebensgemeinschaft".

Unsere Kinder können in der Beseitigung von Ängsten wahre Wunder vollbringen. In Sekunden oder Minuten können schwer krankhaft anmutende Angstzustände wie weggeblasen sein. Manchmal nur mit einem Tip, einem Trick oder einer Übung, einem Wort, einem Vergleich oder einem Bild. Und solche Erfolge wirken bei Kindern und Erwachsenen nach, sie bestimmen die weitere Angstgeschichte und stellen damit eine Lebenshaltung dar.

Für uns Erwachsene mit langen Lebens- und Angstgeschichten genügt es bisweilen nicht, nur ein paar Methoden zu kennen, um mit der Angst fertig zu werden. Wir müssen den längeren Weg der Erkenntnis gehen, müssen den Sinn und die Geschichte der eigenen Angst erkennen und wissen, wohin man „ohne Angst" will. Diese Mühe ist dann den Verlust der Angst wert. Und dennoch können wir an uns selbst auch diese Wunder der Angstbeseitigung erleben. Überall auf der Welt, in allen Heilkulturen und ernsthaften

Behandlungsversuchen von Ängsten wird zu Beginn die Übung der **Anspannung** und **Entspannung** erfolgreich eingesetzt.

So ist auch Ihnen als Motor der Angst die Anspannung und Verkrampfung in Körper und Geist erklärt. Die Entspannung als das Gegenmittel ist sofort und einfach verfügbar. Solche Grundentspannungstechniken können 10 Sekunden oder etwas länger dauern, sie brauchen keine Hilfsmittel und beziehen sich immer auf *Atem*, *Körperbewegung* und *Gedanken*. Da die eigene Angst besonders bei Erwachsenen immer ein negativer, pessimistischer Ratgeber ist, wird sie uns immer in einen negativen Dialog verwickeln: „Bei mir nützt das nicht. Ich weiß, daß es solche Sachen gibt, sie sind sinnlos. Ich reagiere auf solche Kaspereien nicht. Meine Angst ist stärker als meine eigenen Möglichkeiten..." Und das Mitleid unserer Umwelt unterstützt diese eigene Resignation. Und bei unseren Kindern wird unsere eigene Angst und übertriebene Fürsorge zum Haupthindernis für die Entfaltung der eigenen Kräfte und der optimalen getanen Selbsthilfe. Selbstmitleid wird dann vorübergehend die bequemste Art der Selbsthilfe, ist aber keine Hilfe, sondern Bekräftigung der Angst. Deswegen wird Ihnen auch an dieser Stelle hier und jetzt eine Übung zu einer Teilentspannung angeboten, bevor die auch sehr attraktiven Techniken zur Angstbewältigung Ihnen mitgeteilt werden.

Erste Hilfen gegen Angst

Sie haben im Augenblick große Angst, Unruhe und Anspannung.
Sofort benötigen Sie eine Hilfe und müssen etwas tun!

Suchen Sie sofort einen ruhigen Ort auf.
Für ca. 2 Minuten brauchen Sie Zeit!

Sicher ist, Sie werden sich jetzt wirksam helfen!

Lassen Sie Ihre Angst zu. Sagen Sie, was Ihnen Angst macht.

Legen Sie sich hin, es geht jedoch auch in Sitzhaltung!

Befehlen Sie sich laut: „Zieh an!" Atmen Sie dabei kräftig ein.

Krümmen Sie nun ruckartig den Körper (Angstkugel).

Arme anwinkeln, Hände ballen, Beine und Füße anziehen, an den Körper drücken, Bauchdecke anspannen, Zähne aufeinanderdrücken, Stirn runzeln, Kopfhaut anspannen, ca. 6 Sekunden anhalten der Anspannung

Öffnen sie nun ruckartig die Angstkugel. Sprechen Sie laut: „Wirf weg!" – Ausatmen – „Ich bin dabei ganz ruhig und frei von Angst."

Liegen Sie noch 3 Sekunden ruhig und entspannt. Atmen Sie kräftig und ruhig tief ein und aus.

Sie haben sich nun wirksam kurzfristig selbst geholfen. Dies können Sie beliebig wiederholen. Für eine längere Entspannungstechnik sind Sie geeignet.

Lieber erwachsener Leser, an dieser Stelle einmal herzlichen Dank für das Mittun. Wir wissen sehr wohl, wie schwer es ist, allein mit einem Buch zu sein und etwas ausprobieren zu müssen. Die Tatsache, daß viele hundert Menschen in Prüfungs- und Belastungssituationen probiert und gewonnen haben, rechtfertigt unsere Handlungsaufforderung. Die Stärkung der eigenen Handlungskompetenz wird u. E. nur durch ein eigenes Probieren und Mittun erreicht.

Und nun nochmals zur Verdeutlichung: Solche Entspannungsübungen in verschiedenen Intensitäten begleiten uns vor, während und nach den Techniken zur Angstbewältigung. Das wissen unsere Kinder und haben es mit Freude quasi als Spiel akzeptiert und ausprobiert. Die Phasen der Übung beinhalten immer: eine Körperanspannübung, das Ein- und Anhalten des Atems, eine Körperlockerungsübung, eine Ausatem- und Anhaltübung und am Schluß immer ein erlernter Satz als formelhafter Vorsatz und Abschlußgedanke, beispielsweise: „Ich bin ganz ruhig, locker und entspannt. Die Angst ist weg, ich handle sofort."

Den Kindern hatten wir solche Entspannungstechniken als tolle Tricks mitgeteilt. Wenn man nicht mehr unkontrolliert gegenüber der blindmachenden Angst (Erregung) sein will, kann man so einfach wieder Chef der eigenen Handlung werden. Typisch für unsere Kinder sind folgende Anwendungssituationen, wie sie von ihnen selbst gefunden wurden:

- zu spät in den Unterricht kommen, vor der Tür stehen und zittern und befürchten, was wohl der Lehrer sagen wird, wenn ich eintrete und mich entschuldigen soll;
- wenn mich jemand geärgert oder beleidigt hat, wenn ich immer daran denke, daß es so weitergeht und ich Angst habe;
- wenn mir jemand was verboten hat und ich mich nicht rechtfertigen konnte (weil z. B. meine Schwester etwas angestellt hatte und ich es nicht sagen konnte);
- wenn ich etwas vom Streit der Eltern mitgehört habe und

mich nicht getraue, in Ruhe mit ihnen zu reden und ihnen meine Angst mitzuteilen;

– wenn ich nach einem Film sehr aufgeregt bin und meine furchtbaren Gedanken einfach nicht weggehen und ich nicht einschlafen kann und grübeln muß;

– wenn mir etwas Peinliches, Verbotenes oder Ähnliches passiert ist und ich noch keine Handlungslösung aber ein schlechtes Gewissen habe (ein schlechtes Gewissen ist kein sanftes Ruhekissen);

Es war bei der Ansprache der Kinder unsere Absicht, ein durchgängiges Prinzip der Angstbeseitigung an vielen Beispielen aufzuzeigen. Es ist das Prinzip der allmählichen systematischen Annäherung und Aushaltetechnik an die angstmachenden und vermiedenen Gegenstände und Sachverhalte.

Die Hilfen und Behandlungen von Ängsten und Phobien können sehr unterschiedlich gehandhabt werden.

Unumgänglich ist es jedoch, das Kind und auch den Erwachsenen mit den gemiedenen Menschen, Tieren, Gegenständen, Situationen oder auch Gedanken zu konfrontieren. In der Technik und den Bedingungen und der Art der Annäherung und Konfrontation liegt die Kraft zur Hilfe und das Geschick des Helfers.

An einem Beispiel soll verdeutlicht werden, wie notwendig es ist, vor dem Einsatz von Hilfen sich Gedanken über die mögliche Entstehung von Ängsten zu machen. Jede Hilfe ist immer eine individuelle Hilfe für eben gerade jenes Kind, welches die Hilfe benötigt.

Kalle und Ina, unsere Beispielkinder, haben beide Angst vor anderen Kindern, sie gehen ungern zur Schule und vermeiden es am Nachmittag, andere Kinder einzuladen. Wie die Mütter von Kalle und Ina, so sind wohl alle Kinder von Eltern beunruhigt über den Rückzug der Kinder. Auch weil der Rückzug immer mehr zunimmt und weil anzunehmen ist, daß eine *soziale Angst* das Verhalten der Kinder bestimmt.

Warum ist Kalle so?
Was ist passiert?
Was machen wir als Eltern falsch?
Wer lehnt unser Kind ab?

Solche und ähnliche, meist schuldbesetzte Fragen, stellen sich alle Eltern.

So ähnlich im Verhalten und so unterschiedlich in der Entstehung

Kalle ist Einzelkind, er lebt in einem Dorf auf einem Aussiedlerhof. Allein mit den Eltern und mit den Haustieren hat er bisher seine Kindheit verbracht. Er hat wenig Erfahrung im Umgang mit anderen Kindern. Das Verhalten, das Spiel, der Streit und die vielen Gewohnheiten des Zusammenseins mit anderen Kindern sind ihm fremd geblieben. Er reagiert verunsichert auf alle Ansprachen durch andere Kinder, von denen wird dies vorerst nicht verstanden, er kann gehänselt und abgelehnt werden und wird dies auch. Dies verstärkt seinen ängstlichen Rückzug – die Schulunlust nimmt im Verlauf der 1. Klasse enorm zu, es kommt zu Schulverweigerungen. Deutlich wird hier Kalles Eltern, daß sie ihm helfen müssen, günstigere soziale Fertigkeiten zum Überleben in der Gruppe zu vermitteln und sie mit ihm zusammen zu entwickeln. Die Eltern müssen die Schule unterstützen, und die Schule muß die Eltern unterstützen. Kalle muß beraten werden, muß mehr Einsicht in das Verhalten der Mitschüler gewinnen, Erfahrungen im Umgang mit ihnen sammeln. Nach einer Einladung der Klasse von Kalle durch die Eltern auf den Aussiedlerhof, zum Glück gab es dort neben Tieren viel zu sehen und anzufassen, wurde auch Kalle besser von den anderen verstanden und akzeptiert. Kalle konnte wegen seines Wesens die anderen nicht verstehen und wurde deswegen auch von den anderen nicht verstanden. Mehr gegenseitiges Kennen führte zur Verbesserung der sozialen Fertigkeiten und der Abnahme der Angst bei Kalle.

Bei Ina liegt zwar auch die Ablehnung der anderen Klassenkameraden und eine beginnende Schulunlust vor, ihre Angst ist jedoch anders begründbar. Ina hat noch zwei Geschwister, sie lebt in der Stadt und hat viele Kinder um sich herum. Mit denen spielt sie, verliert oft, weint deswegen, wird dann ausgelacht. Sie bemüht sich zwar immer wieder mitzumachen, resigniert jedoch und verliert den Glauben daran, daß sie es selbst schaffen kann, Freunde zu gewinnen und mit Kindern zusammen glücklich zu sein. Zwischenzeitlich hat sie deutlich das Gefühl, von den anderen Kindern nicht gemocht zu werden, sie wird als „Heulsuse" auch zunehmend mehr gemieden.

Obwohl Ina weiß, wie es geht, Freunde zu bekommen, hat sie den Mut verloren und sich in ihr Schneckenhaus zurückgezogen.

Inas Eltern spüren genau, daß ihr Kind wieder einmal einen Erfolg braucht, Mut entwickeln muß, schon vorhandene soziale Fertigkeiten erneut auszuprobieren. Woher aber die Kraft nehmen, wenn der Mißerfolg täglich neu bei Ina bekräftig wird.

Viel Glück hatte die Familie dann, als ein neues Mädchen in die Klasse kam, noch ganz in der Nachbarschaft wohnte und durch die liebevolle Fürsorge und Hilfe von Ina nach Beratung mit den Eltern und der Lehrerin zu einer neuen Freundin wurde. Der Kontakt zu einer einzelnen Mitschülerin war hier der Schlüssel zum Erfolg.

Beide Kinder zeigten das gleiche soziale Angstverhalten, unterschiedliche Gegebenheiten waren aber ursächlich beteiligt. Sich mit anderen Kindern zu verstehen und gemeinsam zu leben und zu arbeiten, mußten sowohl Ina als auch Kalle lernen, jedoch die Wege dahin waren sehr verschieden, und die Angst wurde durch unterschiedliche Quellen gespeist.

In den folgenden Darstellungen werden Ihnen nun einige Hilfs- und Beratungsmöglichkeiten mitgeteilt. In verschiedenen Lehrbüchern und Lehrfilmen werden wissenschaftliche Bezeichnungen für solche therapeutischen Hilfen formuliert, und diese wurden selbstverständlich in eine kindgemäße Ausdrucksweise zum besseren Verständnis für die Kinder übersetzt.

Wissenschaftliche Begriffe:	Für die Kinder:
psychologische Hilfen	ganz tolle Tricks
Desensibilisierungstechniken	Das Ganz-Kleine-Schritte-Programm
Selbstverbalisationstechniken	Der Angst wieder ins Auge schauen
Reizüberflutung	

Bei der Methode der *systematischen Desensibilisierung* wird die vom Kind erarbeitete Angsttreppe vom Einfachen zum Schweren abgearbeitet. Vorsichtig, mit gezielten Belohnungen und Belobigungen, werden Kinder mit den angstauslösenden Reizen und Situationen konfrontiert. Sehr fantasievolle Entspannungsgeschichten dürfen dabei ausprobiert und erlebt werden und unterstützen das abnehmende Angsterleben der Kinder. Über viele Sinne wird das Kind ermuntert, die Dinge des Lebens neu zu entdecken und neu zu bewerten. Daß man über Leitsätze, Reime oder kleine Verse mit sich selbst wieder positiv reden kann, ist eine wesentlich unterstützende Methodenbereicherung. Alle Menschen beginnen in belastenden Situationen in einer Art stillem Gespräch, sich etwas Beruhigendes vorzusagen. Dies hilft erfahrungsgemäß, wenn es sich nicht in das Gegenteil verkehrt und zu einer chronisch pessimistischen Zwiesprache führt. Dann und gerade dann wird eine Verbesserung der Selbstkontrolle dringend notwendig.

Wie ein „Sprung in das kalte Wasser", so wirkt eine schnelle Begegnung mit angstbesetzten Reizen im Sinne einer *Reizüberflutung*. Die Angst vor dem lauten Knall beseitigte Peter – als er die 100 aufgeblasenen Luftballons in seinem Kinderzimmer mit Freude zerstochen hatte – schlagartig. Er zuckte zwar bei jedem Knall zusammen, aber das Lob des Freundes und die eigene Freude am knallenden Ballon überwogen das ursächliche Schreckerlebnis. Man spricht dabei von einer freudbesetzten Löschung des Angsterlebnisses.

Modellernen und Verhaltensübung	
	Für die Kinder:
Entspannungstechnik	Anspann-Entspannübungen
Selbstsicherheitstraining	Spiele gegen die Angst lernen
Kognitive Ansätze	Tolle Übungen mit Körper und Sinnen

Es ist bekannt, daß Kinder mit Angst vor Spritzen dann weniger Angst hatten, wenn sie vor der Behandlung mit den Spritzen selbst (Wasserspiele etc.) hantieren konnten. Sie behandelten beispielsweise ihren Teddy im Doktorspiel und nannten dies in lustiger Ausdrucksform „Pieksspiele". Solche Verhaltensübungen, Rollenspiele und Nachahmspiele bilden das Grundkonzept der Technik des Modellernens und der Verhaltensübung. Der Einsatz von Videofilmen, in denen Vorbilder erfolgreich dargestellt wurden, brachte dann hervorragende Ergebnisse in der Verhaltensänderung von Kindern, wenn dem Aufbau von selbstsicherem Verhalten größtes Augenmerk geschenkt wurde. Geschichten über andere selbstsichere Kinder oder Helden wurden sehr bald mit solchen Ereignissen gekoppelt, die ursächlich bei unseren Kindern angstauslösend waren.

Die gemeinsame Arbeit von Eltern und Kind, z.B. im vorliegenden Buch, entspricht einem kognitiven Ansatz, wonach bestimmte Instruktionen zum Problemlösen gefunden werden sollen.

Entspannungstechniken wurden Ihnen zu Beginn der Einleitung des Kapitels näher gebracht und wir hatten Ihnen eine Selbsterfahrung angeboten. Allgemein bekannt sind

Begriffe wie Jakobson-Training, autogenes Training, verschiedene Meditationsverfahren und Hypnose. Die Grundkonzeptionen dieser Techniken sind ähnlich.

Ärztliche Behandlung, medikamentöser und physikalischer Art	
	Für die Kinder:
Psychologische Beratung	Besuch beim Doktor oder Psychologen, Beratung der Familie
Elternarbeit	Tabletten, Tropfen u. a. Heilmittel

Jeder erfahrene Arzt wird, bevor zur Linderung der Ängste Medikamente eingesetzt werden, den Weg der Klärung und Beratung suchen. Beruhigungsmittel mit dem Ziel einer Dämpfung der Angst wirken streng zeitlich begrenzt, und die Angst wird wiederkommen.

Erfolgreich ist bei schweren Ängsten eine medikamentöse Therapie, die durch verhaltenstherapeutische Arbeit begleitet wird. In der Fachsprache heißt dies ein zweigleisiges Vorgehen.

So protokolliert der Patient seine Befindlichkeit und stellt Erfolge und Veränderungen fest, lernt sich dabei selbst besser verstehen und erzeugt damit einen länger andauernden Effekt im Behandlungsverlauf. Was Kinder mit dem „Spürhundzettel" erledigen, sind dann Angstprotokolle oder Protokolle über die gegenwärtige Befindlichkeit in verschiedenen Intensitäten des Erlebens.

Vergessen werden oft alte Haus- und Heilmittel, die seit Generationen zur Angstbehandlung erfolgreich eingesetzt werden: Zu denken ist bei Unruhe und allgemeiner Ängstlichkeit an Bäder oder Teilbäder. Dazu sind Öle und Salben auf beruhigender Basis allgemein bekannt.

Massagen und Teilmassagen werden vorwiegend Kindern gegeben, die den Sitz der Angst „In der Mitte der Bauchgegend (um den Nabel herum mehr zum Oberbauch hin) angeben. Dort befindet sich auch im Nervengeflecht (Sonnengeflecht) ein sehr empfindliches Wach- und Alarmzentrum der Angst. So bewirkt die wärmende, selbst- oder fremdaufgelegte Hand die allgemeine Beruhigung und das Gefühl der Sicherheit und Geborgenheit.

In diesem Zusammenhang sind nicht zu vergessen Wärmedecken oder auch Wärmflaschen, welche körperlich bedingte Angstreaktionen („momentan") lindern können und so auch als Zeitgewinn für die wieder erstarkende Selbstkontrolle dienen.

Erfahrene Eltern sollten sogenannte vertrauensbildende Handlungen erfolgreich einsetzen, z. B. zeitweilig das Licht im Kinderzimmer brennen lassen, Türspalt öffnen, Lichtdimmer lustig bemalt in der Steckdose zusammen mit dem Kind als Sicherungsmaßnahme anbringen, oder die bekannten jetzt einzusetzenden Sprechanlagen funktionell gemeinsam mit dem Kind überprüfen.

Alltagserfahrungen sind hierbei besonders Gold wert.

Ohne okkulten Traditionen folgen zu wollen, werden oft Talismane, Steine, Kettchen bis zu einfachen sogenannten Übergangsobjekten wie den bekannten Plüschtieren, zur kleinen Vertrauensbildung bei Ängstlichkeit sehr wirksam. Sie werden dann erfolgreich sein, wenn sie mit kleinen Mutversen und Sprüchen gekoppelt sind, häufig bei angstbetonten Einschlafstörungen im Sinne der klassischen Konditionierung verwendet werden.

Abzuraten ist jedoch von allen Aufputschmitteln wie Drogen (Koffein, Alkohol, Nikotin etc.), welche nur kurzfristig wirken und letztlich nicht stärken, sondern stärker abhängig machen. Entscheidend beim Einsatz der Alltagserfahrung ist die Tatsache, daß das Kind sehr ernst genommen werden muß, ohne von seiten der Eltern selbst Angst zu haben. Die Akzeptanz des Kindes bewirkt Beruhigung und Vertrauen in die eigene Leistung. Schnelle Versprechungen, vorschnelle Belobigungen etc. werden vom Kind als falsche Information gespürt, nicht belohnt, sondern dienen zur weiteren Aufschaukelung der Angst.

Abschließende Regeln zur Angst- und Panikbewältigung

- Angst und Angstgefühle sind immer eine Übersteigerung einer normalen Körperreaktion bei Streß.
- Bisher wurde jede Angst bewältigt, es ist nie etwas Schlimmes geschehen.
- Pessimismus und Resignation steigern die Angst.
- Kontrollieren Sie genau, was zum jetzigen Zeitpunkt geschieht, Sie kennen jetzt die Bedeutung der körperlichen Signale als Ausdruck der Angst.
- Die Angst unbedingt zunehmend mehr aushalten, Zeit gewinnen!
- Machen Sie aus dem Elefanten eine Mücke. Diese gedankliche Arbeit wird von Körper und Geist belohnt.
- Klopfen Sie sich oft in Gedanken auf die eigene Schulter. Freuen Sie sich auf den nächsten Erfolg und die kleine interne „Siegesfete".
- Verwenden Sie auch in schwierigen Erregungssituationen die kurzen Entspannungs- und Ablenkungsmöglichkeiten, und genießen Sie den Zustand danach.

V. Kinderängste und gemeinsame Hilfen

KINDERÄNGSTE
UND
GEMEINSAME
HILFE

1. Alles überdeckende Angst

Ich habe Angst vor meiner Angst

Oft bin ich ohne Grund einfach traurig und habe Angst. Ich mag dann nicht mehr sein, kann mich selbst nicht leiden. Nachts schlafe ich kaum, liege im Bett und denke immer an schlimme Sachen. Ich grübele mich fest. Tagsüber schmeckt mir auch kein Essen mehr, der Appetit ist weg. Oft stopfe ich dann einfach und wahllos ganz viel Nahrung in mich hinein, ich habe manchmal richtige Freßanfälle. Meine Stimmung ist gedrückt und mies, nichts macht mir Freude. Es ist, als ob ein großer Stein auf meinem Bauch liegt und Eisenringe mir Brust und Kopf zuschnüren. Ich glaube, das ist ohne Grund so, weil eigentlich nichts Schlimmes, Negatives passiert ist und es mir momentan gut gehen könnte. Weil um mich herum alles ohne wesentliche Sorgen ist, muß ich wohl annehmen, es ist die Trauer in mir selbst.

So einen Zustand kann es geben. Durch erbliche Anlagen bedingt oder nicht bemerkbare äußere Einflüsse wie mangelndes Licht oder Wetterveränderungen oder das Fehlen von Grundstoffen in der Nahrung, kann dies passieren. Kinder, denen so etwas passiert, verlieren die Lust am Spielen, sie ziehen sich zurück, reden weniger und sehen meist blaß und müde aus. Sie weinen oft und lassen auch in Ergebnissen ihrer Zeichnungen, bei Spielerfolgen oder beim schulischen Lernen nach, eben weil sie oft müde und antriebslos sind. Plötzlich können sie dann sehr unzufrieden sein, können ausgesprochen böse und aggressiv gereizt reagieren.

Oft geholfen hat es, wenn Erwachsene oder Freunde gegenüber dem Kind nicht die Geduld verlieren, warten können, zuhören wollen und miteinander auch in dieser schwierigen Zeit reden. Auch ohne Worte miteinander etwas tun,ohne zu fordern, hilft, wenn dies in Ruhe und Geduld geschieht. Einfach mal verreisen, vielleicht in die Sonne fahren, ist gut, dort gibt es dann meist auch Anregung und Ablenkung. Bei den meisten Kindern muß man dem Kind vertrauen, da man bei solch einer Angst vor der Angst sicher und genau weiß, daß diese Zeit vorübergeht.

Einige Kinder lernen formelhafte Sprüche, die sie vorwiegend in den Abend-stunden aufsagen und als Form der Selbsthilfe verwenden: „Ich bin frei, die Zeit geht vorbei." Sehr wichtig ist es für die Eltern, in diesen Zeiten vom üblichen Anforderungsschema an das Kind abzugehen. Die Leistungs- und Bewährungsebene muß verschoben werden auf neue Interessengebiete. Die Zeit zu überbrücken und gemeinsam auszuhalten, ist ein wichtiges familiäres Anliegen. Tritt die Angst vor der Angst im Verlauf des Lebens wiederholt auf, hat man zweifelsohne von den Erfahrungen einer ersten erfolgreichen Bewältigung gelernt, baut darauf auf und kann sich selbst besser trösten.

3 Bilder wie schwer man an der Angst hebt, wie sie drücken, belasten und wehtun kann.

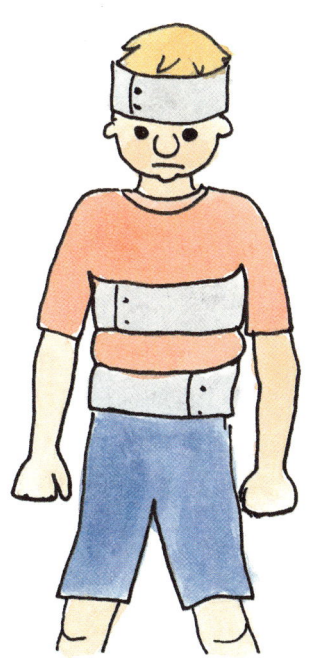

85

ERSTE HILFE BEI KOPFSCHMERZEN

So kriege ich den Druck aus meinem Kopf.

DRÜCKEN

VORSICHTIG, LANGSAM ZIEHEN

DRÜCKEN

VORSICHTIG, LANGSAM ZIEHEN

Ich bin ohne Grund sehr lange schon traurig und ängstlich
(Allgemeine Angst)

Es dauert schon zu lange, daß ich traurig bin, nicht schlafen kann, keinen Appetit mehr habe und die Lust am Spielen und Lernen vergangen ist. Niemand will mich deshalb mehr leiden. Alle meinen, meine Seele und mein Körper hätten sich an diesen Zustand gewöhnt, sie sagen, ich hätte eine depressive Art.

Ein Grund dafür, daß dieser Zustand so lange anhält oder wie die Erwachsenen sagen „chronisch" wird, kann es schon sein, daß ich so eine leichte depressive Krankheit habe. Diese kann zu meiner Art, zu meinem Wesen gehören und erblich sein. In solchen Fällen wird mir ganz sicher der Rat, die Empfehlung oder auch die medikamentöse Hilfe eines Arztes helfen. Alle meine Leidensgefährten wissen aber, daß ich trotz dieser schwierigen Situationen dann erfolgreich bin, wenn ich „mir selbst helfen kann". Und nochmal, in diesem Falle gibt es berufliche Helfer, das kann ein Psychologe oder ein Arzt sein.

Diese Helferratschläge waren immer dann klasse, wenn sie direkt mir gesagt haben, was ich tun soll, daß es schneller weggeht. Es müssen sehr einfache Dinge sein, die ich tun soll, die ich probieren kann. Ich darf dem Helfer dann auch zeigen, meist in einem kleinen Notizbüchlein, was mir schon gelungen ist. Dort muß ich mitteilen, an welchem Tag, zu welcher Stunde ich z. B. etwas Schönes erlebt habe. Der Helfer will auch wissen, ob ich wieder mein eigener „Spürhund" sein kann, ob ich auch feinste Dinge, die mir angenehm sind, wieder wahrnehmen kann und wann erstmals wieder Freude auftaucht. Ich werde für diese Arbeit sehr belohnt, weil die Umgebung mir gegenüber viel Geduld aufbringt und ich selbst auch genügend Zeit habe, mir schöne Dinge zu suchen.

2. Angst sich zu trennen, jemand zu verlieren

Ich habe jemanden verloren
(Verlustangst)

Etwas verlieren ist normal. Etwas verlieren, was man sehr mag, sehr brauchte oder an das man sehr starke Gefühle knüpfte, dies tut weh. Das Gefühl ist wie ein körperlicher Schmerz, meist in der Herz- oder Magengegend. Es ist ein Drücken, ein Druck- oder Ziehgefühl, welches manchmal auch wie ein Flattern oder ein Zittern von mir wahrgenommen wird. Es fehlt etwas, und die Gewohnheit ist nicht mehr da. Die Gedanken sind dann immer bei dem geliebten, gewohnten Menschen, z. B. nach Tod, Trennung, Scheidung oder nach einem schrecklichen Streit. Aber auch bei dem Verlust von Tieren oder geliebten Gegenständen ist das Gefühl in ähnlicher Weise da.

Oft oder meist ist es als Schicksal zu beschreiben, man hat keine Schuld, weil man ja nicht absichtlich verloren hat. So gehört verlieren wie gewinnen zum Leben, zu unserem Alltag. Es lohnt sich dann nicht, sehr lange darüber nachzudenken, die Ursachen zu suchen. Besser ist es, das Gefühl wahrzunehmen oder es zu beschreiben und lernen, es auszuhalten. Das Gefühl ist zwar schwer auszuhalten, aber es lohnt sich. Weil es stärker macht für die Zukunft und man sicher weiß, daß man immer wieder einmal verlieren wird, weil Erfahrung im Umgang mit solchen Verlustängsten mit Sicherheit stärker macht.

Viele Kinder haben schon Trauer erlebt, und sie sagen dir, wie es bei ihnen meistens war:
- Erst ist der schmerzliche Schreck da, es tut weh, man kann nicht klar denken.
- Dann wird alles ganz leer im Kopf, es ist, als ob man das traurige Ereignis gar nicht erlebt hat, als wäre es verges-

sen, nicht wirklich passiert. „Manchmal habe ich in dieser Zeit sogar einfach gelacht, wenn mich jemand nach meiner Mutter, die gestorben ist, gefragt hat", sagte ein 10-jähriges Mädchen.

- Die Zeit danach ist die Trauerzeit. Man spürt jetzt deutlich, was einem fehlt, es kann Wochen oder Monate dauern. Die Gedanken sind da, die einem Angst machen – weil man einerseits leben will und andererseits Sehnsucht nach dem verlorenen Menschen hat. Es ist eine wichtige Zeit, wo man richtig lernt, „Tschüs" zu sagen.
- Die folgende Zeit wird wieder heller. „Ich habe oft am Grab gedacht, was jetzt Mutter Freude machen würde", sagte das Mädchen und konnte wieder zu Fremden gehen, lachen und spielen. Alle Kinder, die einmal verloren haben und unter diesem Zustand sehr gelitten haben, kennen die Erfahrung, daß es immer einen Ersatz gibt, wenn man wartet, hofft und wenn man den Ersatz dann auch will.

Ich glaube, ihr mögt mich nicht mehr
(Ablehnungsangst)

Ihr sagt mir immer wieder, daß ihr mich lieb habt, ich kann es aber einfach nicht glauben. Seit mein kleines Geschwisterchen da ist, hat sich vieles in unserem Leben verändert: Ich kann euch nichts mehr recht machen, ich bin immer zu laut, zu fordernd, ihr habt weniger Zeit für mich, ich nerve euch.

Ich soll immer vernünftig und vorsichtig sein, ihr seid dauernd müde, deswegen darf ich nicht mehr zu euch ins Bett.

Auf einmal soll ich allein auf Toilette gehen, ich soll schon allein einkaufen gehen und immer, immer ruhig sein. Das Baby bekommt nur liebe Worte, viele Geschenke und noch viel viel mehr Besuch als ich selbst. Andere Kinder dürfen jetzt nur noch kurz zu mir kommen.

Nun ist bei mir in meinem Gefühl einiges anders geworden. Ich fühle in mir ganz viel Trotz, weil ich genau weiß, wie stark ich bin, weil ihr es mir immer gesagt habt, deswegen will ich mich auch jetzt wehren. Mir ist deswegen auch einiges passiert:

- Ich habe wieder einmal ins Bett gemacht.
- Ich bin wieder mal häufig zu euch ins Bett gekrochen und oft rausgeflogen.
- Ich nuckele wieder am Daumen.
- Ich habe heimlich wieder die Nuckelflasche genommen.
- Auch habe ich wieder wie ein Baby geschrien und ganz kleinkindhaft gesprochen.
- Ich habe sogar heimlich etwas kaputt gemacht und es versteckt und sogar meinem geliebten Geschwisterchen einfach etwas weggenommen und sogar ihm einmal wehgetan.
- Ich habe ihm absichtlich wehgetan und dann so geschrien und gelogen, als ob mir etwas passiert war, ich wollte dabei eure Hilfe erzwingen.

Daß ich selbst nun traurig bin und Angst habe, zeige ich euch nicht. Ihr sollt es aber merken. Ich sage deswegen ganz oft, daß ich euch verlassen werde und stelle mir vor, wie ihr dann traurig seid und weint. Einmal hatte ich Gedanken, daß es euch ja gar nichts ausmachen würde, wenn mir wirklich etwas Schreckliches passiert. Ich weiß aber genau, daß es nicht so ist, aber der Gedanke ist eben da. Das alles ist jetzt so, seit mein Geschwisterchen da ist. Ganz kurz war es auch schon früher einmal da, als ihr meine Freundin für ihre guten Noten in der Schule immer gelobt habt. Auch damals dachte ich, ihr wollt eigentlich ein anderes Kind als mich.

Geholfen bei solch einer Angst hat mir sehr, als ihr mich wieder gelobt habt und mir als älterem Geschwister deutlich gemacht habt, was ich schon alles darf. Es war ganz toll, als ich abends mit euch am Tisch saß und wir Fernsehen geschaut haben und das Baby schlief. Als es Vater mir erklärt hat, habe ich es als Auszeichnung verstanden. Ich durfte sogar einmal das Geschwisterchen allein füttern, und es war herrlich, als ich dann angelacht wurde. Jetzt weiß ich eigentlich, daß ihr mich dringend braucht und bin auch stolz, weil ich älter bin. Ganz überrascht war meine Freundin, als ich ihr erzählte, daß ich jetzt Taschengeld bekomme und so einen kleinen Zettel habe, wo ich aufschreibe, wofür ich es ausgegeben habe und mit euch abrechnen darf. Für meine Freundin, welche auch bald ein Geschwisterchen bekommt, wurde ich von meinen Eltern als Ratgeber empfohlen. Ich durfte ihr beim Puppenspielen zeigen, wie man mit einem jüngeren Kind spielt, wie man es pflegt und behütet. Ich war darüber sehr stolz.

Ich habe beinahe vergessen, euch mitzuteilen, daß meine Eltern einen Schlußstrich unter die dummen Geschichten der Vergangenheit gezogen haben. Wir haben vereinbart, nicht mehr über die alten dummen Geschichten zu sprechen und einfach etwas Neues ausprobiert.

Ich wache vor Angst aus dem Schlaf auf
(Durchschlafängste)

Ich weiß genau, daß schlafen und träumen sehr wichtig sind und auch notwendig, um am Morgen wieder frisch und munter zu sein. Mami hat mir auch erzählt, es ist bei allen Babys so, daß sie fast 9 Monate lang nicht die ganze Nacht durchschlafen, und man muß den Babys dann helfen, damit sie lernen, durchzuschlafen. Solche Hilfen sind, daß man am Bett des Babys bleibt, daß man ihm etwas zu trinken gibt, daß man das Baby auch mal kurz in der Nacht aus dem Bett nimmt, aber nicht zu lange, natürlich auch nachschaut, ob die Windeln naß sind und dann die Windeln wechselt.

Bei mir ist das anders: Ich habe jetzt schon am Abend vor dem Einschlafen Angst, daß ich in der Nacht aufwache. Dann merke ich, daß ich allein bin und will das nicht.

- Ich weine dann, rufe die anderen, verlange etwas zu trinken, oder es soll jemand zu mir ins Bett kommen.
- Manchmal stehe ich auch vor lauter Angst auf, kann dann einfach nicht in meinem Bett bleiben, gehe zu den Eltern ins Bett.
- Ich bin deswegen auch schon eine Zeitlang nicht mehr zum Einschlafen in mein Bett gegangen, habe verlangt, auf dem Sofa einzuschlafen, wache aber dann auf, wenn die Eltern mich später ins Bett tragen wollen.

Es gibt deswegen in der Familie viel Ärger. Alle werden durch mich in der Nacht gestört, sie schimpfen mit mir, deswegen wird meine Angst immer größer.

Ich bin in der Nacht, wenn ich aufwache, ganz munter. Ich fühle aber doppelt so stark wie am Tag die Angst, weil ich auch stark merke, daß ich allein bin. Ich denke ganz deutlich und sehe es vor mir, daß ich allein bin und die anderen sind weg.

Weil es dunkel ist, werden auch alle Schatten von den Dingen in meinem Kinderzimmer ganz groß, die sehen dann ganz anders aus. Alles um mich herum ist dann ganz still, und es tut richtig weh, wenn ich lauschen muß und nichts mehr höre. Dann fängt oft auch der Bauch an weh zu tun, oder ich merke sehr, daß ich mich am Tag vorher am Bein gestoßen habe.

Ich weiß auch schon ein wenig, woran das liegt:
- Ich habe am Abend zu viel Aufregendes erlebt, zu lange Fernsehen und Video geschaut und komische aufregende Sachen gesehen.
- Ich habe wohl wieder zu viel getrunken (Cola, Tee?) oder auch mal wieder zu viel am Abend gegessen.
- Einmal waren die Eltern weg, als ich in der Nacht aufgewacht bin, sie hatten es mir nicht gesagt. Es gab auch Streit am Abend, dann bin ich eingeschlafen und mitten in der Nacht plötzlich aufgewacht.
- Es ist auch passiert, als ich für einige Tage im Krankenhaus lag und dann wieder zu Hause war.
- Aufgewacht bin ich auch, als am Tag vorher gar niemand für mich Zeit hatte, ich wollte spielen, und niemand war da. Und nun wache ich nachts auf, es kann ja aber wohl niemand einfach mit mir spielen? Oder?

Viele Hilfen sind erfolgreich ausprobiert worden – gegen die Angst.
- Alle Schlafzeiten sollen einmal zusammengezählt und dann gekürzt werden. Ich habe probiert, tagsüber nicht mehr so lange zu schlafen (Mittagsschlaf verkürzen).
- Ganz regelmäßig, wie ein Roboter, soll ich die Einschlaf- und Aufwachzeiten einhalten, dies mindestens eine Woche lang, auch samstags und sonntags (Schlafrhythmus finden).
- Vor dem Einschlafen soll der Abend anders gestaltet werden. Ein gemeinsames Spiel oder ein kleiner Spaziergang, ein ganz ruhiges Musikhören, jemand Liebes einladen,

und dann auch vor dem Zubettgehen über die kommende Nacht und den nächsten schönen Tag sprechen.

- Ich darf auch zusammen mit der Familie überlegen, ob ich ein „neues Schlafen" ausprobiere.
- Ein neues Schlafen, d.h., einmal ohne die Geschwister, oder am Abend mal das Fenster auf und frische Luft rein, oder die laute Tickuhr mal aus dem Zimmer raus, oder die komischen Bilder oder die nicht schönen Spielsachen aus dem Zimmer einmal heraus, oder auch mal das Bett umstellen und mal was ganz anderes, was sehr lustiges probieren.
- Das Abendtrinken und -essen wird verändert. Ich versuche einmal, weniger zu trinken und zu essen. Scharfe Gewürze und sehr fette Sachen lasse ich einfach mal weg, sie regen meinen Magen auf, der wehrt sich dann mitten in der Nacht, wenn ich es gar nicht will. Der Magen ist aber mein Freund. Wie ein Zauberer hat Kalle z. B. Wasser getrunken und ganz laut zu den anderen gesagt: „Das schmeckt wie Cola."
- Ina hat sehr gute Erfahrungen, als sie abends mit Mami ein lauwarmes Bad gemacht hat und mit einer ganz sanften Bürste die Beine und den Rücken massiert bekam. Das soll helfen, daß sich das Blut besser in der Haut verteilt und man deswegen in der Nacht dann tiefer schläft.
- Ein liebes Einschlafspiel mit jemandem aus der Familie kurz vor dem Schlafengehen wird durch meinen Durchschlafspruch vor dem Einschlafen abgeschlossen: Ich sage: „Heute Nacht wird einmal durchgemacht. Ich werde schlafen, wie bei meinen Schafen. Ich weiß schon heute, der Morgen wird Freude."

Wie ihr seht, die Angst vor dem Aufwachen in der Nacht kann durch viele Tätigkeiten verringert werden.

3. Angst, daß was Schlimmes passiert

Es ist ein Unglück geschehen

Ich habe etwas Furchtbares erlebt, es war ein Unglück. (Autounfall, Flugzeugabsturz, Krieg, Brand, Sturm, alle Katastrophen)

Die Angst ist ganz schnell und plötzlich entstanden, in ganz kurzer Zeit. Einige Menschen sagen mir, ich hätte eine Panik gehabt. Das ist ein in ganz kurzer Zeit entstandener starker Angstzustand.

Jetzt ist zwar alles vorüber, ich bin aber immer noch nervös, schreckhaft, habe Kopfschmerzen und Atemnot, bin dann bei den Gedanken, die plötzlich kommen, ganz still und traurig, kann weniger schlafen, habe auch gar keinen Appetit. Ein ständiges Gefühl, daß ich „auf der Lauer liege", belastet mich. Ich fühle mich sehr angespannt, erinnere mich genau, daß ich damals beim Schreck wie versteinert und gelähmt war. Es liegt einfach wie eine „doofe Erinnerung" in mir drin. Ich erinnere mich, daß ich hilflos war, daß ich ganz allein war, daß ich wie ohne Gedanken ohnmächtig war und daß die Bilder vom Unglück immer wieder auftauchen.

Das Unglück ist ja leider wirklich geschehen, und alle Menschen, denen so etwas geschehen ist, reagieren mit plötzlicher Angst und Panik. Es ist auch völlig unwichtig, ob man schuld am Unglück hatte oder nicht.

Sehr, sehr wichtig ist es zu wissen, daß lange Zeit nach dem Unglück in Situationen, die gar nichts mehr mit dem Unglück zu tun haben, wieder die Angstgefühle auftreten können. Auch bei dem tapfersten Menschen war und ist das so. So hat z.B. ein Soldat, der im Krieg mal im Flugzeug abgeschossen wurde, ganz ungewollt wieder an das Unglück denken müssen.

Die Erinnerung kommt plötzlich und geschieht oft auch in Zeiten, in denen man es gar nicht wünscht.

97

Oft wird die *Angst vor der Erinnerung* dann schon zu einer neuen Angst. Wenn man gerade was Angenehmes oder Schönes tut, taucht plötzlich die Erinnerung auf, und sie stört dann sehr, und sie verhindert auch, daß man das Schöne dann genießen kann. Wenn du dir jetzt selbst helfen willst oder anderen Menschen, mußt du unbedingt wissen:

Nur Vergessenwollen und einfach nicht daran denken hilft nicht!

Man sollte deswegen gegen das plötzliche Auftreten folgendes tun:

Zu bestimmten und festgelegten Zeiten und an einem von dir selbst gewählten Ort mit ganz bestimmten Leuten in Ruhe über das Erlebte reden!

98

Diese Zeiten immer kürzer werden lassen, unbedingt während der Gespräche, bei denen man auch malen oder auf Tonband sprechen kann, Entspannungszeiten einlegen. Man darf auch das Tagebuch, welches man früher angelegt hat, mit dem Partner besprechen.

Bei der Anspannung darf man sich Bilder vom Unglück vorstellen. Bei der Entspannung muß man sich ein angenehmes Bild (Blumenwiese, Schaukel, Mc Donald...) vorstellen.

Das erlebte Schlimme soll man mit vielen neuen und angenehmen Erlebnissen vergleichen. Sicher ist, daß die Erinnerung an das Unglück dann immer blasser, kleiner und unwichtiger wird und daß die schönen Erlebnisse gewinnen.

Meiner Familie passiert bestimmt was Schlimmes
(Trennungsangst)

Familienalarm – ich weigere mich, in die Schule zu gehen. Alle wissen, ich bin sonst ein feuriger und guter Schüler. Ich gehe gern zur Schule, schwänze nie, habe in der Schule keine Sorgen mit Noten, Lehrern oder den Mitschülern. Ich bin jetzt sehr oft untersucht worden. Jetzt sind der Doktor und die Eltern der Meinung, ich hätte *ohne Grund* Bauchschmerzen, Schlafstörungen, Übelkeit, Durchfall und Erbrechen – *ich hätte eine Schulangst.*

Ich weiß eigentlich genau, daß es so stimmt, aber manchmal muß ich einfach solche Geschichten, die angeblich in der Schule passiert sind, wie Hänseleien oder Ärger oder daß Mitschüler mich schlagen erzählen. Es ist nicht die Wahrheit, aber ich muß es sagen. Es tritt meistens morgens auf. Wenn ich dann zu Hause und im Bett bleiben kann, sind meine Beschwerden verschwunden. Es geht mir aber nicht gut dabei, ich habe ein schlechtes Gewissen. Die Angst ist dann sehr schmerzhaft – schlimmer wie der richtige Schmerz. Wenn mich jemand streng auffordert, loszugehen, wird mir übel, ich fange an zu zittern, muß mich hinsetzen, mußte auch schon einmal erbrechen.

Nicht ganz so schlimm war es immer nach dem Wochenende oder am Montagmorgen oder nach den Ferien oder am ersten Tag des neuen Schuljahres. Auch, als ich mal die Schule wechselte, kam diese Angst wieder.

Die Gründe dafür muß man nicht in der Schule oder bei meinen Leistungen suchen. Wenn ich dort Sorgen hätte, könnte ich darüber reden, ihr Eltern helft mir dann sofort, das weiß ich. Vielleicht helft ihr mir sogar zu viel und zu schnell. Was ich eigentlich wirklich denke oder nur fühle, will ich euch sagen:
– Ich glaube, ihr seid manchmal zu lieb zu mir, habt mich zu gerne.
– Dann glaube ich, ihr, aber besonders die Mutti, braucht mich, und es passiert was Schlimmes, wenn ich weggehe.
– Ich habe hier heimlich gehört und spüre auch ganz deutlich, daß ihr Sorgen habt (ihr habt über zu wenig Geld geredet, auch glaube ich gehört zu haben, ihr wollt euch scheiden lassen). Wenn ihr auch so ängstlich seid bei Sorgen, dann mache ich euch wohl mit meinem Verhalten jetzt nur weitere Sorgen.
– Ich kenne genau Muttis Ängste, darf es ihr aber nicht sagen, ich kann ihr ja helfen, wenn ich bei ihr bleibe und sie sich Zeit für mich nehmen muß.
– Schon immer macht ihr euch zu viele Sorgen, vor allen Dingen auch, wenn bei uns in der Familie irgend jemand krank ist.

Helfen könnt ihr mir am besten, wenn ihr wirklich darauf besteht, daß ich zur Schule gehe. Ihr müßt unbedingt überzeugt davon sein, daß es klappt. Ihr dürft selbst keine Angst haben und es sehr ernst nehmen. Es kommt jetzt darauf an, wie stark ihr mir gegenüber seid. Ihr wißt ja genau, wie weit ich in meiner Angst gehen kann.

Geschickte Eltern gehen dabei die Methode der kleinen Schritte, beziehen dabei Freunde, die Schule und andere Eltern mit ein.

Z. B. vorsichtig Mut aussprechen, mal am Wochenende wieder bis zur Schultür gehen, am 1. Schultag nur ein Stück in Nähe der Schule bringen, am nächsten Tag etwas weniger begleiten. Oder abholen lassen am Morgen von Mitschülern und dabei immer über den Erfolg reden und loben.

Ein heißer Tip ist es, zunehmend mehr das „Trennen probieren". Mit Freunden wegfahren, ein freies Wochenende bei Verwandten, Ferienlagerbesuche, unbedingt auch die Teilnahme am Schullandheim mit der Klasse.

Schulangst wird immer schrittweise abgebaut, meine Neugier an der Schule und die Freude am Lernen werden am Ende siegen gegen unsere Angst in der Familie.

Kann es Krieg oder Umweltkatatrophen geben?
(Umweltangst)

Immer mehr habe ich gehört, daß es wieder Krieg geben kann, daß die Welt ganz schmutzig wird oder Umweltgifte unsere Erde zerstören. Es ist mir selbst noch nichts geschehen, aber ich erlebe diese ganzen Nachrichten als eine Bedrohung.

Ich weiß, daß vieles, was mir Angst macht, in der Zeitung und im Fernsehen übertrieben wird. Viele solcher Informationen stimmen aber auch, ich höre sie von den Eltern und von den Lehrern in der Schule.

Es fing mit kleinen Erlebnissen an. Ich hätte mir aus alten Brettern ein Baumhaus gebaut, und nun durfte ich dort nicht mehr spielen, weil es sein könnte, daß die Bretter mit einem giftigen Holzschutzmittel gespritzt waren. Ich konnte dies nicht verstehen, habe aber auf meine Eltern gehört. Viele solcher Erlebnisse sind dazugekommen, beim Essen, beim Spaziergang, beim Zahnart und überhaupt in der Natur. Ich habe dann immer mehr zugehört und gemerkt, wie bedrohlich es wurde.

Wenn ich jetzt manchmal daran denke, verändert sich mein Befinden. Es geht mir schlechter. Die Angst nimmt zu. Es ist eine unbestimmte, unerklärliche Angst. Meist fängt es im oberen Bauch an, häufig habe ich Blähungen und muß aufstoßen. Auch das Herz schlägt schneller und tut weh. Es können aber auch ganz andere Schmerzen noch dazu kommen und mein Befinden stören.

Ich brauche dringend Hilfe und viele Erklärungen

Ein paar Sätze muß ich besser verstehen lernen, wenn sich die Angst nicht wie ein Spinnennetz ausbreiten soll. Ich rede deswegen mit meinen Eltern und Freunden darüber:

– Alles, was um mich herum ist, ist eigentlich gut. Wenn es zu stark wird und zu viel ist, kann es auch zu Gift werden. Dies trifft vor allem auf Umweltgifte zu. Ich muß mir das unbedingt erklären lassen. Wer vor allen Dingen immer nur warnt, ist ein Miesmacher. Besser ist es nachzuforschen, leicht zu probieren und sich dann zu schützen. Je mehr ich darüber weiß, desto weniger habe ich Angst.

— Angst vor Krieg ist, wie mir bereits bekannt ist, ein Warnsystem. Es soll mir helfen, noch mehr für mich selbst an den Frieden zu glauben und viel für den Frieden zu tun. Ich kann mir einmal im Gespräch mit den Eltern überlegen, was ich selbst gegen Krieg und Gewalt tun kann, jeden Tag und jede Stunde.

Ich muß lernen, die wirkliche Angst von der „nur im Kopf vorhandenen" Angst zu unterscheiden. Über ein besseres Denken werde ich dann im Gespräch ruhiger, klarer, und die Angst läßt nach. Ich merke es auch am Körper.

Ich werde bald sterben
(Todesangst)

Alle Menschen dieser Erde haben Angst vor dem Tod. Es ist aber nicht das Sterben, welches Angst macht, vielmehr tut es weh, daß man nicht mehr so viele schöne Dinge erleben soll, wie man sich erträumt und erhofft hat.

Als kleines Kind habe ich es noch nicht verstanden, was es heißt: „Der Opa ist gestorben".

„Er ist im Himmel, er kommt nie mehr, er ist von uns fortgegangen." So wurde es mir immer erklärt.

Auch bei älteren Menschen ist die Angst vor dem Sterben nicht mehr so groß. Die älteren Menschen wissen mehr über das Sterben und wissen auch, daß Sterben nicht immer unangenehm sein muß. Sie haben es bei Freunden oder Verwandten erlebt. Oft hat man gehört, daß nach dem Sterben ein ganz helles Licht gekommen sei. Diese älteren Menschen sagen dann: „Er ist ganz ruhig von uns gegangen, war ganz friedlich. Er hat es jetzt schön."

Meine Angst vor dem Sterben kommt daher, daß ich einmal gehört und gesehen habe, daß jemand mit Schmerzen gestorben ist. Nun habe ich auch solche Schmerzen, wenn ich daran denke, daß ich selber sterben muß.

Es ist, weil ich nicht sicher bin, ob ich lebe, es ist die Ungewißheit, die Besorgnis, daß es auch mir passiert.

Ich kann mir dabei selbst helfen, ich kann diese Ungewißheit etwas beseitigen: wenn ich daran glaube, daß alles, was lebt, irgendwann einmal sterben muß und es danach schöner wird, noch friedlicher, dann fällt es mir auch leichter, die Angst auszuhalten.

Ich darf deswegen darüber auch mit anderen Menschen sprechen. Suche dir dabei Menschen heraus, die viel Erfahrung haben, die klug und weise sind. Du mußt unbedingt mit ihnen darüber reden, brauchst es aber nicht immerfort zu tun.

Es gibt leider ein paar Krankheiten, die man noch nicht richtig bekämpfen kann. Es ist ein großes Wettrennen zwischen Krankheit und der Hilfe durch den Doktor. Du kannst immer die Hoffnung haben, daß der Doktor mit dir zusammen das Rennen gewinnen kann. Daß du das Wettrennen mit-entscheidest, ist ganz wichtig. Aber auch das „Verlieren", wenn man so auch das Sterben mal bezeichnen soll, vielleicht bei einem Kind mit einer bösen Krebserkrankung, auch das Verlieren muß und kann man lernen. Die anderen Menschen sind dann sehr stolz auf dich, und sie wissen, daß jeden Tag, den du gelebt hast, du auch den anderen Menschen viel Freude bereitet hast. Es muß ein schönes Gefühl sein, wenn wieder statt der Angst vor dem Sterben die Freude am Leben und am Zusammenleben mit anderen in dein Herz einzieht.

Tiere machen mir Angst
(Tierangst)

Weißt du noch? Als wir gesucht haben, in welchem Alter viele Kinder bestimmte Ängste haben, wurde die Angst vor Tieren dem Kindergartenkind zugeordnet. Das sind Kinder zwischen dem 2. und dem 5. Lebensjahr.

Später bleibt die Angst und Abneigung vor Spinnen, vor

Hunden, Käfern oder Schlangen nur noch bei ganz wenigen Menschen erhalten.

Auch bei den Hilfen (sieheKap. IV) haben wir die Spinnenangst beschrieben. Lies dort unbedingt noch einmal nach.

Wer Angst vor Tieren hat, will unbedingt vermeiden, in der Nähe der Tiere zu sein, das Tier zu sehen oder es anzufassen, will unbedingt dem Tier nicht begegnen.

Die Angst erregt den Körper, die Augen suchen immer die Gegend nach dem Tier ab, man muß ständig daran denken und nervt die anderen mit ständig wiederholenden Fragen. Es ist klar, daß man immer weniger Besuche machen kann, daß man nicht mehr in Ruhe spielen kann, daß die Freude an der Natur verlorengeht.

Es muß eigentlich nichts Schlimmes vorgefallen sein. Man kann aber auch z. B. vom Hund gebissen oder von einer

Biene gestochen worden sein, und dann hat man berechtigt die Angst vor dem Tier.

Hilfen werden bei solchen Tierängsten sehr wirksam. Man muß wieder in kleinen Schritten, wie bei der Spinnengeschichte, lernen, über das Tier mehr zu wissen, über es zu lesen, es aus Entfernung in Ruhe zu betrachten und die Nähe des Tieres zuzulassen. Auch verschwinden damit die häßlichen Träume, in denen ich alles viel größer und gefährlicher erlebe, als es in Wirklichkeit ist.

Du mußt unbedingt die Angsttreppe ausprobieren, mußt die kleinen Schritte finden und den Erfolg feiern. Es ist dabei völlig gleichgültig, ob du Angst vor einem Elefanten oder vor einer Mücke hast.

Tut mir ein Gewitter was an?
(Gewitterangst)

Kein Mensch mag Gewitter. Schon immer haben sich die Menschen vor Gewitter schützen gelernt. Es ist der Schreck vor dem plötzlichen Auftreten. Erst kommt der starke Wind, dann die einsetzende Dunkelheit, dann der manchmal folgende starke prasselnde Regen, ein heller, greller Lichtstrahl und dann der grollende Donner.

Alle Kinder haben verschiedene Gründe, Angst vor dem Gewitter zu haben:
– Sie haben schlimme Geschichten über Gewitter und deren häßliche Folgen gehört, sie waren beim ersten Gewitter allein, oder sie sind überrascht worden vom Gewitter. Der Lichtblitz oder der laute Donner hat sie im Schlaf erschreckt, oder die Geschwister oder die Oma und die Eltern hatten selbst so viel Angst, daß das Kind es sehr gemerkt hat.

Wir kennen Kinder, die sich bei jedem Gewitter unter der Bettdecke verstecken oder nachts bei Gewitter aufwecken

lassen und zu den Eltern ins Bett gehen, andere weinen und schreien schon, wenn ein Gewitter im Radio angekündigt wird oder laufen zur Mutter, um sich anzuklammern. Dann können sie vor Schreck steif sein und nicht mehr hören und sehen.

Sehr erfolgreich war ein Kind, das zusammen mit der Mutter gelernt hat, genau aufzupassen, was beim Gewitter geschieht. Das Kind mußte zählen, wie lange die Zeit zwischen Blitz und Donner war – es hat dies dann mitgeteilt. Mit der Taschenlampe hat es unter der Bettdecke begonnen, das Licht wie einen Blitz an- und auszumachen.

Das nächste Gewitter durfte ein Kind malen und damit mitteilen, was es beobachtet hatte, und es durfte anderen Kindern das Bild zeigen und erklären.

Mit den Puppen spielte ein Junge Gewitter und benutzte dabei Silvesterknaller – ein besonders mutiges Kind.

Es gab eine interessante Familie, in der sich alle Familienmitglieder in der Küche trafen, um gemeinsam das Gewitter zu beobachten.

Nach jedem Blitz wurde wie bei einem Feuerwerk gemeinsam ein erstauntes „Oh!" gerufen und danach geklatscht. In dieser Familie haben sich mehrere Menschen gleichzeitig und zusammen geholfen.

Der Vater und die Mutter haben den Kindern dann genau erklärt, wie man sich bei Gewitter im Freien verhält. Gemerkt habe ich mir: flach auf den Boden legen oder ins Auto setzen, nicht unter Bäume sich begeben.

Angst vor Dunkelheit
(Dunkelangst)

Ich weiß, daß im Dunkeln nichts passieren kann. Eigentlich ist nichts anders, als wenn Licht an ist. Die Türen sind abends genauso verschlossen, ob hell oder dunkel. Trotzdem habe ich Angst. Das kommt daher, weil ich ohne Licht nicht kontrollieren kann, ob wirklich keine Gefahr droht.

Ina hat folgendes geholfen. Ihre Mama hat einen Lichtstecker (Dimmerlicht) gekauft. Am Tag danach darf folgende Geschichte gelesen werden. Das Zimmer wird verdunkelt:

Mache deine Augen zu, und lege dich aufs Bett. Vor dir steht ein großer Baum.

Sein großer dicker Stamm ist fest im Boden verwurzelt, und an den Ästen hängen schöne Blätter, grüne, gelbe, rote. Du siehst einen kleinen Spalt im Baum, aus dem es wunderschön glitzert. Du siehst, daß es eine Tür ist, die du öffnen kannst. Langsam schiebst du die Tür beiseite, und immer heller und schöner strahlt es aus dem Baum. Die Tür steht weit offen, du gehst rein, es glitzert strahlend hell. Überall funkeln bunte Tropfen. Du gehst näher ran, faßt einen Tropfen an und merkst, daß es kleine Edelsteine sind. Du suchst dir einen besonders schönen und strahlenden

Edelstein aus und hältst ihn in deiner Hand. Er blinkt und strahlt dich an, und du merkst, wieviel Ruhe und Freude der Stein dir schenkt. Immer, wenn du ihn anschaust, bist du glücklich und entspannt. Du drehst dich um und gehst aus dem Baum. Die Tür steht noch immer offen, langsam bewegst du dich raus und schließt die Tür. Draußen ist es nicht so hell wie im Baum, aber du hast deinen Edelstein, der dich immer an den Baum und die Kraft im Baum erinnert. Diesen Stein hast du nachts in deinem Zimmer, und wenn du Angst hast, schaust du ihn an und träumst vom Wunderbaum.

Wenn du die Augen öffnest, dann hat die Mami den Lichtstecker schon eingeschaltet.

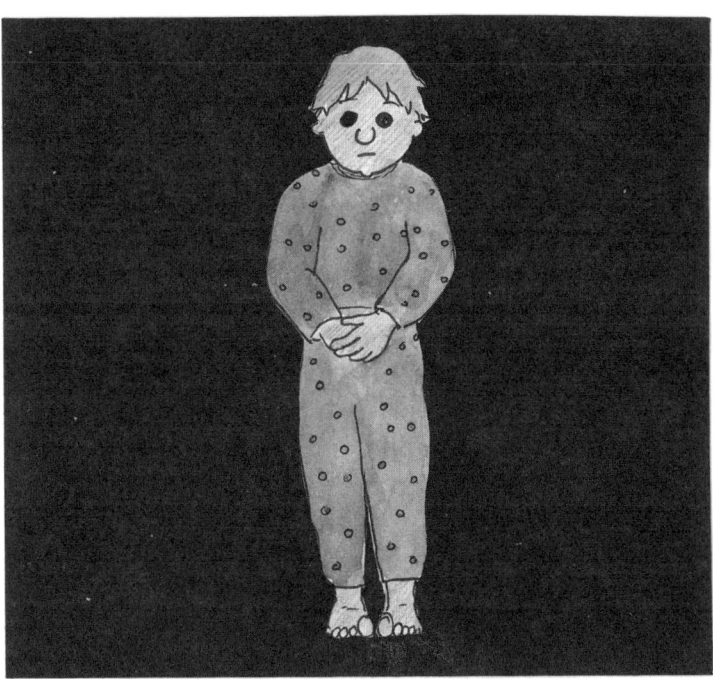

Angst, daß Menschen Tieren etwas antun
(Form der Umweltangst)

Du hast es gehört, gesehen oder gelesen – Menschen können auch böse zu Tieren sein. Deine Angst hat also einen Grund.

Dein Gefühl der Angst ist wohl auch etwas Wut darüber, daß es solche unschönen Sachen gibt.

Es ist gut, daß du es so fühlst. Eigentlich steckt hinter deinem Gefühl der Angst um die Tiere die Wut über jene Menschen, die so etwas tun. Es ist der Ausdruck von deinem Wunsch, das Leben der Tiere zu schützen. So kann dich auch deine Angst zum Tierschützer machen.

Du darfst diese Angst haben. Die Angst darf dich aber nicht zu schwach machen, sonst kannst du nicht kämpfen.

Gib deine Sorge um die Tiere nicht auf, schau dich in deiner nächsten Umgebung um und hilf mit, ihnen zu helfen.

Wir sind sicher, wenn auch du dabei bist, hat deine Angst einen guten Sinn, und wir sind bald ganz viele Menschen, die Tieren helfen. Es ist dann unser Ziel, mit jenen Menschen zu reden, ihnen zu erklären oder vielleicht gar ihnen zu verbieten, Tiere so zu behandeln. Auch muß man sehr viel mehr wissen, um unterscheiden zu können, wo Tiere wirklich gequält werden oder wo es notwendig sein kann, auch Tieren selbst zu helfen, daß sie sich nicht untereinander quälen müssen. Rede deswegen unbedingt auch mit Leuten darüber, die etwas von der Jagd verstehen, die Bienenzüchter sind oder von der Landwirtschaft leben. Es ist gut, wenn wir gegenseitig aufeinander achten.

In diesem Buch findest du auch Kinder, die Angst vor Umweltkatastrophen haben, und du findest Hilfen darüber, wie diese es im Gespräch schafften, die Angst kleiner werden zu lassen. Lies dort unbedingt auch einmal nach.

Wir finden es nicht gut, daß einige Kinder aus Angst um die Tiere und aus Wut vor den Menschen plötzlich gar kein Fleisch mehr essen oder ähnliche Sachen. Wenn du ein guter Tierschützer werden willst, muß du sehr, sehr viel über die Natur wissen.

4. Angst zu versagen, nichts zu können

Ich glaube, ich kann es nicht, ich versage
(Versagensangst)

Ich vermeide es, mit gleichaltrigen anderen Kindern zu spielen oder zu lernen – mit Erwachsenen geht es etwas besser. Eigentlich weiß ich gar nicht, wie man zu anderen Kindern sein muß, damit sie Freunde werden. Ich bin sehr unsicher. Ich habe es auch noch nie ausprobiert, von mir aus auf andere Kinder zuzugehen. Reden tue ich ganz wenig mit anderen. Manchmal sagen meine Eltern, ich sei ein Tollpatsch, kein richtiger Junge. Das stimmt schon, tut aber weh, wenn ich es höre.

Immer ist der Gedanke da, daß wenn jemand etwas von mir verlangt, ich es nicht kann. Ich weiß genau, daß meine Angst von meinen Gedanken gemacht wird, aber was soll ich dagegen tun?

Bevor ich dann lerne oder spiele, immer denke ich daran, weil ich ausgelacht werde, vielleicht geschlagen werde oder wie die einen sich freuen und die anderen traurig sind, daß es bei mir wiederum mal nicht geklappt hat. Und nun ist es auch immer häufiger geschehen. Ich denke, ich versage, und es passiert auch.

Die Angstgefühle machen mich schwach und mich selbst sehr unsicher. Ich mache manches zu schnell, das andere wieder zu langsam. Oder ich fasse die Würfel beim Spielen zu fest an, dann fallen sie vom Tisch, oder ich verliere sie einfach aus der Hand, weil ich zu schwach war und gezittert habe. Das passiert meistens beim Spielen oder bei den Hausaufgaben mit den Stiften oder beim Helfen zu Hause im Haushalt.

Auch weiß ich nicht genau, wann man einfach mit Freunden einmal mitspielen soll und nicht weglaufen oder wann man auch verlangen darf, daß die anderen das spielen, was man selbst möchte. Und ich muß unbedingt einmal sehen, wie man das macht, daß andere Kinder freudig mitspielen.

Woher diese Angst vor dem Versagen kommt, haben mir „Pechvogel" viele Menschen schon erklärt.

Sie sagen, ich hätte zu oft verloren, ich hätte zu viele Mißerfolge gehabt, es hätte zu wenig Grund zur Freude und zum Stolz auf mich gegeben. Einige sehen meine Unterschiedlichkeit als Ursache, die anderen sagen, ich sei zu wenig gelobt worden. Einmal habe ich gehört, daß man sagte, dies sei schon als Baby und von Geburt an bei mir so gewesen.

Es treffen wohl ein wenig von allen Gründen zu. Auch daß ich einmal wirklich Pech hatte, weil ich nicht gelernt hatte und ich deswegen versagt habe, müßte man noch wissen.

Nun suche ich Hilfe.

- Alle müssen mir helfen, ich benötige dringend mal einen Erfolg.
- Man muß wieder einmal stolz auf mich sein können, sich mit mir freuen, ich will dann gelobt werden, denn Strafe nützt nichts.
- Ganz einfache Dinge, die ich schon etwas kann, sollen mit mir probiert werden. Dort muß man beginnen, wo ich schon mal Erfolge hatte.
- Etwas weniger Wettkampf oder Wettbewerbsspiele tut mir gut.
- Ich will auch mal für Dinge gelobt werden, die sonst selbstverständlich sind.
- Vor schwierigen neuen Aufgaben soll man sich mit mir Zeit lassen, mir es genau erklären, mal üben und dann richtig nachmachen.
- Wie im Spiel mit Puppen oder richtigen Rollen soll man mir auch mal zeigen und erklären, aber besser ist es, wenn man mir zeigt, wie es ein sicheres, geschicktes Kind macht, damit es Erfolg hat. Ich kann dann genau beobachten und sage euch dann, wie ich es probieren möchte. Dabei nehme ich mir selbst nicht zu viel vor.

Christian, der schon etwas älter ist, hat mit seiner Mutter vier Fragen beantwortet und dann Hilfe für sich allein gefunden:

Die vier Fragen lauteten:

1. Frage: Wovor fürchte ich mich, wenn ich an Versagen denke?
2. Frage: Was kann eigentlich als Schlimmstes passieren?
3. Frage: Was ist eigentlich noch das beste, wenn ich versagt habe?
4. Frage: Was will ich vorher probieren, um weniger Angst zu haben?

Ich habe vor jeder Prüfung große Angst
(Prüfungsangst)

Abends schlecht einschlafen, beim Wecken Bauchschmerzen, Kopfweh – keine Lust zum Frühstücken – ganz langsam in den Bewegungen – so geht es mir, wenn eine Prüfung bevorsteht.

Während der Prüfung habe ich das Gefühl, der Kopf ist völlig leer. Das Denken geht nicht mehr, es ist wie blockiert. Erinnern kann ich mich nur noch schlecht. Ich höre auch nicht mehr genau hin, wenn ich in der Prüfung etwas gefragt werde oder das Thema mitgeteilt wird. Ich kann meine Gedanken einfach nicht festhalten.

Bei so einer Prüfungsangst ist es nicht wichtig, nach den Gründen für das Entstehen dieser Angst zu fragen. Ich habe diese Angst, und sie soll weggehen, das ist mein Ziel.

Auch Künstler kennen dieses Gefühl und sagen dann dazu Lampenfieber oder Podiumsangst.

Ich kann mich sehr erfolgreich auf eine Prüfung vorbereiten:

Vor der Prüfung:

- Ich schreibe genau auf einen Kalender in meinem Zimmer das Datum der Prüfung, ich passe auch auf, daß nicht zu viel an dem Tag los ist, z.B. noch eine Prüfung. Dann organisiere ich um. Eine Prüfung reicht.
- Ich will mit dem wichtigen Lernstoff anfangen und teile ihn in kleine Portionen ein.
- Manches Wichtige schreibe ich auf Karteikarten, oder ich spreche auf Kassetten und höre sie mir dann an. Ein Nachlernen in den Abendstunden zwischen 19.00 und 21.00 Uhr hilft bei besonders schwierigen Aufgabenstellungen.
- Ich mache mir noch einmal Gedanken über meinen Lehrer. Welche Themen er bevorzugt und welche er liebt. Es ist anzunehmen, daß diese dann auch kommen.
- Wenn ich Angst vor meinem Lehrer habe, dann hole ich vor und auch während der Prüfung eine lustige Erinnerung aus meinem Gedächtnis hervor: Mein Lehrer im Schlafanzug (das braucht aber niemand zu wissen, das ist meine Geheimwaffe gegen die Angst vor dem Lehrer).
- Vor jedem Lernen Hirn ausleeren. Ich benutze bei der Vorbereitung auf die Prüfung ganz oft meine Möglichkeit, mich kurz zu entspannen. Wenn ich die Anspannung „wegwerfe", leere ich für kurze Zeit auch den Ort im Gehirn aus, wo der neu zu lernende Stoff Platz haben soll. Ich lagere das alte Wissen ganz unten in die Gehirnkiste, und das neue hat dann oben Platz.
- Am Abend vor der Prüfung lerne ich nur kurze Zeit. Ich gehe nochmal an die frische Luft, verzichte an diesem Tag einmal auf das Fernsehen (ob du es schaffst?).
- Sehr hilfreich ist es, am Vortag nochmal die Schulmappe (Hefte, Stifte, Lineal, Radierer usw.) zu überprüfen – das beruhigt.

Während der Prüfung:

- Ich lese die Aufgabe langsam und ruhig. Ich habe es mir vorgenommen, also tue ich es auch.

- Ich habe einen Farbstift und unterstreiche die wichtigen Stellen im Prüfungstext.
- Ich fange bei den leichten Aufgaben an, denn ich brauche Erfolg.
- Wenn ich festhänge, lasse ich eine Lücke für späteres Ausfüllen.
- Zwischendurch verschränke ich die Arme im Nacken, strecke die Beine von mir, die Fußspitzen ziehe ich zum Gesicht hin an, atme tief ein und halte die Luft an, indem ich 1, 2, 3 zähle. Dann entspanne ich mich wieder.

Der Erfolg, weniger Angst, ist dir sicher.

Mein Lehrer Müller im Schlafanzug, hi,hi!

Ich habe Angst, laut zu lesen – in der Klasse vorzulesen
(Leseangst)

Schon abends im Bett denke ich daran, wie furchtbar es wird, wenn ich am nächsten Tag vor der Klasse oder der Gruppe vorlesen soll. Ich höre dann richtig die Stimme des Lehrers, wenn er mich mit meinem Namen aufruft und Vorlesen verlangt. Auch sehe ich genau vor mir die Gesichter der anderen Mitschüler der Klasse, und manche „grinsen" über mich.

So erzählen es die meisten Kinder mit Leseangst.

Am Tag während des Unterrichts geschieht dann folgendes: Ich sitze gespannt dort und warte. Ich befürchte, daß ich aufgerufen werde. Dies geht die ganze Zeit so. Ich rutsche unruhig auf dem Stuhl hin und her. Meist sind schon, bevor die Leseübung verlangt wird, meine Hände feucht, der Hals wirkt wie zugeschnürt, ich bin ganz aufgeregt, und ich hatte auch schon einmal das Gefühl, als ob meine Stimme versagt.

Ich weiß, wie es damals in der ersten Klasse begann – es war ein schlimmes Erlebnis, daß ich versagt habe, ich war gekränkt, ihr könnt euch vorstellen, wie es mir ging. Richtig schlimm wurde es aber erst im Verlauf der Zeit, und zwar durch meine Gedanken.

Viele Kinder, denen es so geht, das weiß ich, haben ganz kleine Sprechauffälligkeiten. Sie sprechen entweder zu leise oder zu undeutlich, sie verschlucken manche Buchstaben oder atmen zu wenig rhythmisch oder überhastet. Dabei sind solche Kinder im Rechnen und z. B. beim Malen sehr gut, aber gerade deswegen sind sie wohl besonders empfindlich gegenüber Dingen, die nicht so gut gekonnt werden. Wir sind wohl besonders „empfindliche Pflanzen".

Ein Beispiel soll zeigen, wie erfolgreich Kalle bei sich selbst mit der Schritt-für-Schritt-Technik geholfen hat.

Er plante folgendes Programm, welches du aber für dich gut verändern kannst:

Zu Hause:

- Ganz leise lesen – unter der Bettdecke;
- Allein im Zimmer lesen, von ganz leise bis ganz laut;
- Vor einen Spiegel setzen und laut lesen;
- Dem Lieblingsstofftier einmal vorlesen;
- Der Mutter oder dem Vater vorlesen;
- Einen lieben Freund einladen oder wenige Freunde und denen vorlesen.

In der Schule:

- Allein im Klassenzimmer bleiben und „Geisterlesen" üben;
- Mit dem Lehrer verabreden, nach Absprache mal auffordern lassen und dann lesen;
- Zu Beginn etwas vorlesen, was ich schon fast auswendig gelernt habe;

Beachte:
Wenn du aufgeregt bist, hole Luft, atme aus und beginne, wie unter der Bettdecke „für dich allein" zu lesen. Du kannst noch ein berühmter Redner werden.

Ich kann nicht vor anderen sprechen
(Sprechangst)

Ich will ganz besonders gut und richtig sprechen, will besonders viel mitteilen. Beginne ich zu reden, dann kommen sofort viele Gedanken, Geräusche und Erinnerungen auf

mich zu. Es ist, als ob ich zu viel Fantasie habe. Ich werde
dann unruhig oder verkrampft, spreche überhastet, zu
schnell und stolpernd. Oder das Gegenteil, ich bin gehemmt,
wirke wie gebremst und ganz verkrampft. Oft versuche ich,
schwierige Wörter zu vermeiden, dann rede ich falsch. Es
klingt, als würde ich die Wörter im Satz einfach umstellen.

Ich habe manchmal bemerkt, daß ich während der Unter-
brechung des Redens mit Armen und Beinen mithelfen
möchte und Bewegungen zusätzlich mache. Ich reagiere
dann entweder sehr wütend oder gebe auf, bin still und traurig. Im Kindergarten hatte mal jemand zu mir gesagt, ich sei
ein Stotterer, ich hätte Sprechangst.

Wenn es darum geht, die Gründe für die Sprechangst zu
suchen, geraten meine Angehörigen immer in Streit.

Omi sagt, Opa hätte früher auch gestottert, dies sei ange-
boren, läge in der Familie.

Mami sagt, Papi sei zu streng gewesen, er verlange zu viel,
er würde mich, schon als ich ganz jung war, zum richtigen
Sprechen immerzu aufgefordert haben, er erwarte zu viel.

Papi sagt, Mami würde es stören, daß ich nicht schnell
genug gesprochen habe, sie hätte nicht auf meine Antwort
gewartet, sei zu ungeduldig gewesen.

Alle meinen, ich sei unsicher und würde nicht an meine
Leistungen glauben. Einmal tauchte die Vermutung auf, ich
hätte das Stottern nur nachgemacht (Kindergartenzeit) und
könne es jetzt nicht mehr anhalten oder stoppen.

Alle meinen es wohl gut mit mir, suchen die Gründe bei
sich selbst oder bei den anderen, dabei wäre es günstiger,
sich um eine jetzige Hilfe zu bemühen.

Hilfen gegen Sprechangst gibt es im Alltag, aber auch bei
starker Angst vor Sprachtherapeuten. Dies sind pädagogisch
oder medizinisch ausgebildete Menschen. Unser Arzt kennt
ihre Adresse.

Alle Hilfen sollen wieder Mut und Freude am Sprechen
und Mitteilen erzeugen. Ich kann richtig sprechen, habe
aber Angst vor dem Aussprechen.

Einige Hilfen:
- Da ich nie bei Gedichten, auswendig gelernten Texten oder beim Singen von Liedern unterbreche, dies eher sehr gut kann, wechsle ich immer den Weg. In der Übung sage ich erst eine auswendig gelernte Frage, dann antworte ich ganz einfach auf die einfache Frage: Wer sitzt in der Schule in der Bank neben dir?

Ich sitze neben

.... und ....

So erzähle ich auch Erlebnisse im Wechsel von Frage und Antwort.

Da ich beim Sprechen immer außer Takt und Rhythmus komme, klatsche ich zum Sprechen (zu Hause auch vor dem Spiegel). Wir sprechen sehr viel im Chor, ich singe viel und spreche manchmal wie im Theater.

Eine Finger-, Hand-, Armbewegung (die liegende ∞) hilft mir zum rhythmischen Nachfahren. Ich fange mit einer ganz großen Acht an und verstecke die Acht immer kleiner zuletzt in der Hosentasche.

Es kommt bei solchen Bewegungsreden nicht zur mich störenden Mitbewegung von Armen und Beinen und Kopf. Solche Bewegungen mit Schütteln, Fallen und Schwingen, die ich selbst erzeuge, helfen mir vor der Sprechangst.

Ein Helfer hat mir und den Eltern einige Merksätze notiert:

❍ *Ich höre aufmerksam zu.*
❍ *Ich bin ruhig.*
❍ *Ich atme ein und spreche langsam und deutlich.*
❍ *Ich überlege erst, dann spreche ich.*
❍ *Ich überlege mir kurze Sätze.*

5. Die anderen Kinder / Erwachsenen machen mir angst

Jemand guckt mich immer so an
(Beobachtungsangst)

Ich bin sehr viel allein. Ich bin es aber nicht gerne. Nun habe ich mich daran gewöhnt. Meine Eltern stört mein Verhalten sehr. Sie meinen, ich sei ein Einzelgänger, sei kontaktscheu, vereinsamt und schüchtern. Ich bin deswegen sehr oft allein, weil ich mich nicht wohlfühle, wenn andere um mich herum sind. Ich glaube, sie denken nicht gut von mir, lachen mich aus, reden schlechte Sachen über mich. Davon bin ich überzeugt. Bisweilen fühle ich es direkt, daß ich

kontrolliert und beobachtet werde. Wie auf dem Bild zu meiner Angst fühle ich dann, daß ich angestarrt werde. Oder wenn ich auf der Straße gehe, daß mich aus den Fenstern jemand beobachtet.

Woher das kommt, weiß ich nicht genau. Etwas ist es wohl in meiner Art, aber es muß ja nicht so sein. Ich weiß auch genau, daß ich etwas anders bin als die anderen. Viele kleine Erlebnisse haben mir dies verdeutlicht. Wenn z. B. Kinder sich streiten oder aber im Spiel raufen, gehe ich weg, ich nehme nicht daran teil. Auch wenn die anderen mich „Feigling" nennen, ich mag dies nicht, ich kann mich aber nicht anders verhalten.

Geholfen hat in vielen Fällen die Teilnahme an einer Spielgruppe. Es gibt fast überall Kindergruppen (Beratungsstellen, Hobbygruppe, Kirchengemeinde o. ä.), in denen Kinder zusammensitzen und darüber reden, was sie fühlen und denken, wenn sie zusammen sind. Im Spiel erfährt man, daß es anderen Kindern ähnlich wie mir geht und wie diese mit dieser Angst fertig werden. Bei solchen Gruppen sind erwachsene Menschen Spielleiter, die schon oft solche Kinder betreut haben und erfahren sind.

Sehr einfache Kontaktaufgaben sollen lustig und interessant sein. Einige Beispiele dafür:

Ich muß auf der Straße einen fremden Menschen um Auskunft über die Uhrzeit bitten. Dabei soll ich, während ich bitte, ihm in die Augen sehen und deutlich sprechen. In einem kleinen Heft notiere ich dann den Ort, wo ich gefragt habe, die Zeit, wann ich gefragt habe und den Grad meiner Angst (dabei ist 1 keine Angst und 6 sehr große Angst).

Ich nehme mir fest vor, andere Menschen anzuschauen,

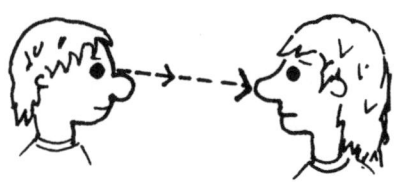

wenn sie mich ansehen. Ich schaue dann auf ihre Nasen-spitze und merke, daß die anderen wegsehen.

Wenn mir wieder so was Dummes passiert ist, daß andere mich ärgern, weil ich so unsicher werde, dann will ich erst recht zeigen, wie unsicher ich bin. Die sollen sehen, wie rot ich werde, wie sehr ich schwitze. So sage ich beispielsweise zu mir selbst: „So rot wie eine Tomate will ich sein, so daß es jeder sieht, ha, ha!"

Ina hat auch Mutsätze, sie sagt zu sich selbst: „Ich gehe jetzt rein, denn ich bin fein. Jemand schaut mich an, da ist doch nichts dran."

Ich versuche auch meine Freunde und meine Eltern zu fragen, welche Kontaktspiele sie kennen.

Ganz wichtig ist es, daß ich darüber rede, wie wahr-scheinlich es ist, daß mir etwas Schlimmes passiert, wenn mich jemand anschaut.

Tut mir jemand was an?
(Mißbrauchsangst)

Ständig höre ich, daß andere mißbraucht werden, meist kör-perlich geschädigt oder sexuell mißhandelt. Auch mir ist es passiert. Nun leide ich unter den Folgen, ich befürchte neue Schäden. Ich habe verschiedene körperliche Beschwerden, leide unter Herz-, Kopf- und Gliederschmerzen und weiß, daß diese jetzt seelische Ursachen haben. Mein Leben ist durch die Angst eingeschränkt, ich bin arm dran. Ich bin unsicher in meinem Verhalten geworden, vermeide nähere Kontakte, verheimliche meine Schädigungen und neue Schädigungen und erzähle niemandem über früher und befürchte, daß ich entdeckt werde. Weil ich nicht sage, wer mir Böses angetan hat, werde ich immer stiller und zurück-gezogener. Ich will selbst niemanden verletzten, vielleicht enttäusche ich auch die Mutter, die hat es sowieso sehr schwer jetzt.

Mir wurde ja auch gedroht, daß es der Mutter schlecht gehen würde, wenn ich „auspacke".

Jeder Mensch, dem so etwas passiert ist, hat später noch Angst. Er will sich noch besser schützen. Auch wer bisher nicht betroffen ist, aber viel über Mißbrauch und Mißhandlung hört oder liest, bekommt Angst, diese soll ihn schützen. Weil es vielen Menschen passiert ist, haben auch viele Menschen schon daran gearbeitet, richtige und wirkungsvolle Hilfen mitzuteilen.

Einige Grundsätze gibt es:
- Nicht verheimlichen – wenn dir jemand wehgetan hat, berichten.
- Suche vertraute Personen in deiner näheren Umgebung, denen du dich mitteilst. Dies können Verwandte, Freun-

de, Lehrer, Erzieher, Doktoren, Pfarrer, Gruppenleiter oder Hausnachbarn sein.

- Mach genaue Angaben darüber, was, wo und wie es geschehen ist. „Kopf hoch, Herz in Hand und raus damit!"
- Benutze viele verschiedene Formen, dein Problem mitzuteilen. Es kann ein Sorgenbeutel sein, den du malst und beschreibst. Man kann z. B. auch Familie spielen, die Rollen tauschen, dann vorsichtig, was geschehen ist, mitteilen. Einige Spielvorschläge dazu:

- ❍ Am Tisch,
- ❍ Zu-Bett-Gehen
- ❍ Streit
- ❍ Alleinsein
- ❍ Die Wunschfamilie

Schütze dich besser:
- Brav sein zu Erwachsenen muß nicht immer richtig sein.
- Sage „nein", wenn dir jemand häufiger etwas anbietet, wo es keinen Grund dafür gibt.
- Gehe nicht mit Fremden mit, sage klar „nein", erkläre sofort deine Absprache mit den Eltern („ich habe es versprochen...").
- Wende dich sofort anderen Menschen auf der Straße zu – wenn du von einem Einzelnen angesprochen wirst.
- Auch wenn du helfen sollst, du wirst immer ein hilfreicher Mensch bleiben, aber überlege, bevor du hilfst!
- Vermeide körperliche Berührungen, wenn sie als Hilfe von dir verlangt werden. Hole sofort jemanden zu Hilfe und helft dann zu zweit.

Ich denke, man wird es bemerken
(Entdeckungsangst)

Ich stehe unter Hochspannung. Jeden Moment glaube ich, entdeckt zu werden. Daß ich etwas angestellt oder ausgefressen habe, weiß ich selbst. Es ist aber dieses Angstgefühl da, welches ich nie loswerden kann. Meine ganze Art hat sich plötzlich verändert. Ich bin schreckhaft geworden, zucke zusammen, wenn plötzlich jemand ins Zimmer kommt oder mich anspricht. Mein Kopf wird rot, und ich werde sehr erregt und versuche, es mir nicht anmerken zu lassen, aber es sieht ja jeder.

Weil ich voller Verlegenheit wie ein Schauspieler Sachen tue, die sonst nicht zu mir passen, überspiele ich damit meine Angst.

Es ist ein furchtbar quälender Zustand. Die Angst wird immer größer, die Schuld immer stärker und die Gedanken furchtbarer, wie auch auf dem Bild vorn zu sehen ist.

Und was das Besondere ist, ich weiß, woher das Gefühl kommt, und es ist der Ausdruck meines schlechten Gewissens.

Nun will ich es loswerden. Ich packe aus!
- Den Ort und den Zeitpunkt für eine Aussprache, ein Geständnis, lege ich fest und bereite mich darauf vor.
- In Gedanken spiele ich die Situation mehrmals durch und erlebe schon vorher, wie meine Angst geringer wird.
- Ich will direkt darauf losgehen und nicht wie die Katze um den heißen Brei herum. Ich muß mir also sagen: „Ich habe…!" Danach teile ich die Umstände mit, unter denen mir das Unangenehme passiert ist.
- Ich will auch eine Entschuldigung vorbereiten und sagen, wie es mir geht, wenn die Angst vor dem Entdecktwerden weggehen wird. Damit bekommen die anderen Verständnis für die Veränderung meines Verhaltens.
- Ideen zum Wiedergutmachen will ich mir schon überlegen und ebenso mitteilen.

Dieses Vorgehen hat sich bei den meisten Kindern und Jugendlichen gelohnt.

– Natürlich kann man auch ein Brieflein schreiben, einen Zettel malen oder ein Tonband oder ein Videoband bespielen. Nicht gut ist es, wenn man sich Vermittler vorher sucht (Oma oder Freunde) und diese vorschickt, um zu klären. Das wird meist als feige und nicht vertrauensvoll erlebt.

Viel Glück bei der Kurzbehandlung dieser unangenehmen Angst!

Ich getraue mich dort nicht mehr hin
(Kontaktangst)

Ich bin mir selbst seit längerer Zeit überlassen, weil ich mich nicht mehr um die anderen kümmere, denen mich nicht mehr zuneige, erhalte ich selbst auch keine Zuneigung mehr. Meine Bindungen zu anderen sind gestört. Ich erlebe seit längerem nun auch nur Dinge, die ich selbst für mich organisiere. Andere meiden mich, seit ich mich von ihnen abwende.

Viel Zeit verbringe ich mit dem Computer oder dem Game Boy. Die Eltern meinen, mein Spiel „sei nicht kindgemäß". Natürlich sehe ich auch, daß ich unruhiger und reizbarer geworden bin. Das Essen und das Schlafen funktioniert nicht mehr wie früher – mir fehlt die Freude, die ich von früher kenne. Meine Angst bewirkt meinen Rückzug. Zusammensein mit anderen kostet mich Kraft und hilft mir nicht, ich werde immer allein bleiben. Gefühle wie Liebe und Sehnsucht oder auch Sex, nach denen ich oft gefragt werde, habe ich nicht mehr oder zeige sie gar nicht mehr nach außen. Bin ich ganz allein, dann erschrecke ich darüber, bin aber trotzig und weigere mich, zuzugeben, daß ich manchmal kurz doch Sehnsucht nach Liebe und Geborgenheit und Zusammensein habe.

Ursachen für mein Verhalten und meine Gefühle, meine
Angst, gibt es wahrscheinlich mehrere. Ich brauche hier
dringend Hilfe, damit ich erfahre, welche Ursachen für
mich zutreffen. Wenn es schon längere Zeit dauert, sollte
ich auch einen Gesprächspartner (evtl. Therapeuten)
suchen.

Ursache kann sein:
- meine schwierige Entwicklung in der Familie;
- meine Art, die ich von einem Familienmitglied kenne
  und deswegen schon immer zu mir gehört;
- meine Erlebnisse und schrecklichen Erfahrungen und
  Gedanken;
- die vielfältigen Veränderungen um mich herum und in
  mir selbst;
- meine Besonderheiten, die ich jetzt, seitdem ich älter
  geworden bin, kennengelernt habe (Schwächen, körperliche Besonderheiten, Sucht etc.).

Um Hilfen muß ich dringend bitten, auch wenn es mir sehr schwerfällt.

Ich spüre mein großes Unbehagen und will nicht länger warten. Dementgegen stellt sich aber meine Angst, daß sich etwas verändert, wenn ich um Hilfe bitte.

Ganz einfache Dinge habe ich aus diesem Buch (Kapitel Helfer gegen die Angst) schon gelernt. Ich weiß, daß ich arbeiten muß, wenn es anders werden soll. Angstgedanken, z.B. vor anderen Menschen und Orten, kann man kurzfristig unterbrechen (Gedankenstopp, Schritt-für-Schritt-Technik). In Gedanken finde ich den Weg und lerne, nicht mehr so oft der Angst auszuweichen. Ich sage häufiger „ja" zu notwendigen Kontakten und übe vorher in Gedanken und im Spiel (siehe Rollenspiel).

Die Angst vor den Personen ist ja vorwiegend in meinen Gedanken, ich kann mich in Gedanken zum Verlierer oder zum Gewinner machen. Deswegen probiere ich, mal die Vorteile meines Verhaltens bei den anderen darzustellen.

Ich kann auch die Vor- und die Nachteile sammeln und dann neu entscheiden:

Ein Beispiel:
Wenn ich zu Peters Geburtstag gehe...

Vorteile	Nachteile
Bin nicht allein;	Werde ausgelacht und angeglotzt;
Kann gut essen;	Muß mich immer zusammennehmen;
Spiele mit anderen;	eine Angst wird vielleicht größer.
Erfahre vielleicht neue Computerspiele;	
Eltern freuen sich;	
Die Angst wird kleiner;	

Ergebnis:
Die Vorteile überwiegen. Ich gehe hin und probiere, an der Geburtstagsfeier teilzunehmen.

Ich führe ein Angstprotokoll

SPÜR- HUND

ANGSTPROTOKOLL

MONTAG	WAS WAR LOS?	
	WAS HABE ICH GETAN?	
	WAS HÄTTE ICH BESSER GETAN?	
DIENSTAG	WAS WAR LOS?	
	WAS HABE ICH GETAN?	
	WAS HÄTTE ICH BESSER GETAN?	
MITTWOCH	WAS WAR LOS?	
	WAS HABE ICH GETAN?	
	WAS HÄTTE ICH BESSER GETAN?	

6. Angst um mich selbst – bin ich so richtig, bleibe ich gesund?

Ich habe wegen meiner Akne (Pickel) Angst
(Hautangst)

Früher habe ich mich gemocht, wenn ich den Spiegel geschaut habe. Jetzt finde ich mich so richtig abstoßend. Überall sind Pickel und starren mich mit ihren gelben Punkten an. Ich quetsche sie dann schnell aus. Viele dieser Dinger tun weh und entzünden sich dadurch. Wenn ich durch die Stadt laufe, verstecke ich mein Gesicht. Ich kämme Haare über die Stirn, ziehe den Pullover ganz hoch bis an den Mund. Aber vergessen kann ich nicht, wie schlimm ich aussehe. Inzwischen habe ich auch schon Narben im Gesicht. Seitdem ich Pickel habe, ist alles anders. Ich kann nicht mehr richtig lachen, ich traue mich bei meinen Freunden nichts zu sagen, dann schauen mich alle an, und ich bewege mich auch nicht mehr frei. Warum die Pickel so schlimm für mich sind, weiß ich nicht genau. Zwar ärgern mich manche und sagen „Streuselkuchen" oder „Pickeltaube", aber auf die gebe ich doch nichts.

Aber so, wie ich jetzt aussehe, finde ich auch keine neuen Freunde. Meine Eltern trösten mich und sagen, das geht vorbei. Mami hat mal gesagt, sie habe das auch so stark gehabt wie ich, das hat mir gut geholfen. Sie hat mir auch erklärt, daß wenn beide Eltern Akne gehabt haben, häufiger auch die Kinder betroffen sind. Erfahren habe ich, daß Akne dadurch kommt, daß Bakterien sich im Ausgang der Talgdrüse setzen und damit Fettsäuren aus dem Talg freiwerden und sich entzünden. Die Entzündung sind dann die Pusteln und schmerzhaft gerötete Knoten.

Es gibt aber auch der Akne ganz ähnliche Krankheiten, die durch einige Medikamente oder durch zu starke Anwendung von Kosmetik oder Ölen und Teeren aus verschiedenen Giften hervorgerufen werden können. Dann spricht der Arzt von einer Kontaktakne oder einer Kosmetikakne oder einer Berufsakne. Mit so einer Krankheit hat aber meine Akne nichts zu tun.

Den besten Trick habe ich von meiner Freundin. Sie hat gesagt, daß richtig gut mir etwas hilft, was man selbst tut. Pickel ausdrücken ist nicht richtig, mein Hautarzt sagt, das gäbe noch mehr Narben. Aber ich pflege mich jetzt viel mehr. Ich treibe Sport, esse weniger Süßigkeiten und mehr Gemüse und Obst. Ich wasche mich mit einigen Reinigungsmitteln von meinem Hautarzt und habe auch so ein Pulver, das hilft, daß die Pickel schneller abtrocknen. Und ich mache Dampfbäder und alles mögliche, was mir guttut. Es ist schön, wenn ich mich pflege, auch wenn die Pickel nicht gleich verschwinden, ich fühle mich wohler. Eine aus meiner Klasse hat gesagt, ich rieche gut. Das hat mich sehr gefreut. Meine Haare wasche ich jetzt immer regelmäßig. Morgens, mittags und abends kontrolliere ich mein Gesicht im Spiegel, ansonsten schaue ich mich möglichst wenig an und fasse mir auch nicht ins Gesicht. Ich weiß jetzt, daß mich die anderen mögen, wenn ich nett und manchmal auch lustig bin. Ich tue viel gegen die Pickel, mehr kann ich nicht tun, und deshalb lasse mich mir jetzt meine Laune nicht mehr verderben. Dieser Trick ist gut, die anderen treffen sich wieder mehr mit mir. Ärgert mich jemand Fremdes auf der Straße oder im Bus mit „Streuselkuchen", dann sage ich einfach: „Lecker, ne?" „Zum Reinbeißen!" Dann lassen sie mich in Ruhe. Wenn ich in der Bücherei bin, lese ich mir in einem Buch auch mal alles zur Akne durch. Es ist interessant, was im Körper los ist.

Die Pickel sind ja ein Zeichen, daß ich jetzt langsam erwachsen werde, und ich werde auch diese schwierige Übergangszeit bestehen.

Ich denke, ich bin häßlich

Immer wieder frage ich mich, warum ich so aussehe. Nichts gefällt mir an mir. Egal, wen ich aus meiner Klasse ansehe, alle sehen besser aus. Das fängt schon mit meiner Haarfarbe an. Egal, welche Kleider ich anziehe, nichts kann mich wirklich schöner machen.

Oft, wenn ich in den Spiegel schaue, fange ich gleich an, mein Aussehen zu korrigieren, ich streiche die Haare zurecht, zupfe an meinen Kleidern, ziehe den Bauch ein, strecke die Brust raus oder verziehe mein Gesicht, da ich finde, wenn ich leicht lächle, sehe ich etwas erträglicher aus. Manchmal runzele ich auch die Stirn, da sehe ich intelligenter aus. Das ist eine echte Zwickmühle, schaue ich eine Zeitlang nicht in den Spiegel, werde ich unsicher, weiß ich nicht, ob meine Haare noch in Ordnung sind. Sehe ich aber in den Spiegel, werde ich auch unsicher, und mir fällt wieder auf, wie häßlich ich bin.

Aber jetzt wird alles besser, ich habe einen neuen Trick, immer wenn ich in den Spiegel schaue und mich wieder korrigieren will, stoppe ich die Handlung (z. B. Haare zurückstreichen) und ziehe mir am Ohrläppchen oder zwicke mich in den Arm. Eine Zeitlang habe ich auch geklatscht, es ist ganz egal, welche Handlung ich tue, nur korrigieren darf ich mich nicht dauernd.

Was mir auch hilft, ist ein riesiger Zettel, der jetzt über meinem Bett hängt. Da steht 30mal drauf: „Ich habe eine schöne Nase." Nach langem Überlegen bin ich nämlich darauf gekommen, daß meine Nase das Schönste an mir ist.

Außerdem habe ich ein neues Memoryspiel selbst gebastelt. Für jedes Teil, das ich an mir häßlich finde, habe ich ein Teil aussuchen müssen, das ich schön finde. Ich habe Kärtchen gemalt und ausgeschnitten und die Paare gelernt. Zum Beispiel gehören bei mir häßliche Haare und schöne Nase

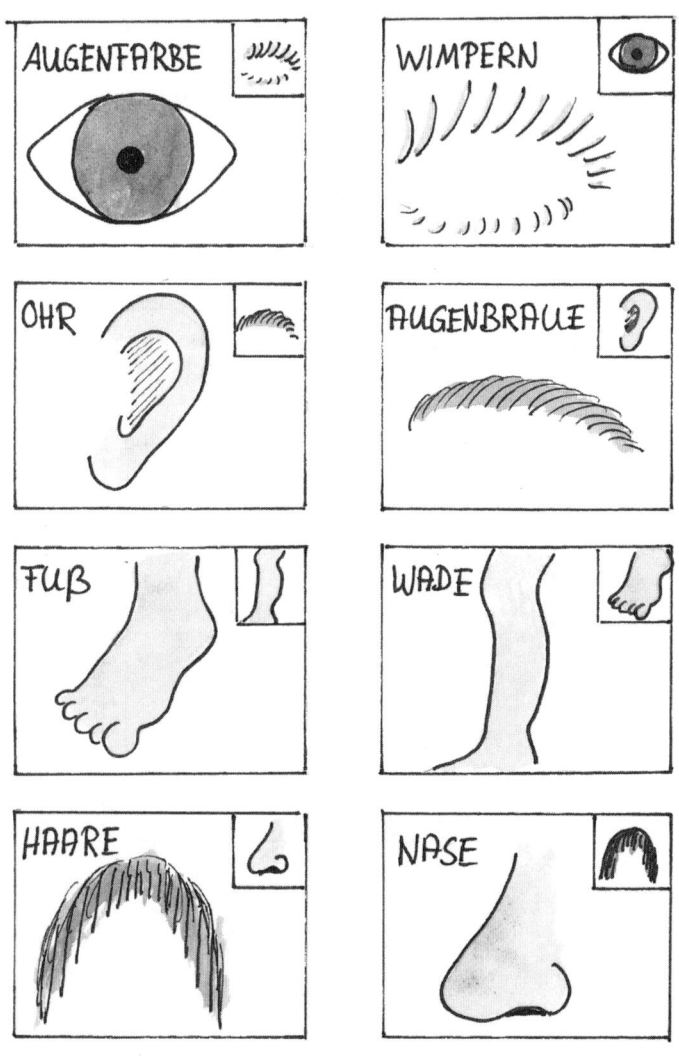

zusammen. Mami und ich legen dann alle Karten umgekehrt auf den Tisch. Jeder ist dran und darf immer zwei Karten aufdecken. Nur, wenn ein zusammengehöriges Paar auf-
gedeckt ist, darf man es sich nehmen. Die anderen
aufgedeckten Karten müssen wieder umgedreht werden.
Wer die meisten Paare hat, hat gewonnen.

140

Für Mami basteln wir jetzt auch so ein Spiel. Ich helfe ihr, was ich schön finde an ihr, sie hatte mir ja auch Tips gegeben.

Ärgern kann mich jetzt keiner mehr, sagt jemand z.B. zu mir: „Du hast ja so große Ohren", dann sage ich: „Ja, damit ich dich besser hören kann." Diesen oder einen ähnlichen Satz sage ich und denke dabei an das Memoryspielgegenteil.

Ich habe Angst, nie einen Freund/Freundin zu bekommen

Mein Bruder und ich, wir haben dasselbe Problem. Ich finde keinen Freund und er keine Freundin. Da hilft auch nicht, daß alle sage, ich sei ja noch jung. Ich finde, ich suche schon ewig.

Immerzu kreisen meine Gedanken um dieses Thema. Oft verliebe ich mich auch, aber entweder ich getraue mich nicht, es zu zeigen, oder er hat schon eine Freundin. Viele Jungen wissen glaube ich gar nicht, daß ich sie mag. Natürlich habe ich auch bestimmte Vorstellungen, wie mein Freund aussehen und sein soll. Aber oft denke ich, entweder sie sehen gut aus oder sie sind nett. Beides zusammen gibt es wohl nicht?

Warum es nicht klappt, daß ich jemanden finde? Ich glaube, meine Klamotten sind zu alt, ich habe keine guten Noten, und ich sehe nur mittelmäßig aus. Meine Omi hat mal gesagt, wenn man stark sucht, dann findet man keinen Freund, der kommt nur, wenn man es nicht erwartet. Das ist leichter gesagt als getan. Aber ich versuche es jetzt, ich mache einfach, was mir Spaß macht, z. B. gehe ich in einen Sportverein oder gehe schwimmen. Einen Tanzkurs habe ich auch schon angefangen, und werde ich einmal nicht zum Tanzen aufgefordert, dann übe ich die Schritte eben für mich allein. Wenn ich es gut kann, tanzt bestimmt wieder jemand mit mir.

Kalle sagt, er hätte ja Mädchen, die mit ihm gehen wollen, aber er hat Angst, daß er nie eine findet, die ihm richtig gut gefällt und die er liebt. Ich glaube, er denkt, daß Liebe so etwas wie eine Fersehgeschichte ist. An einer guten Beziehung muß man aber arbeiten. Ich muß immer wieder schauen, was ich am anderen mag, und Fehler muß ich verzeihen lernen.

Schreib doch mal auf, wie ein guter Freund oder eine gute Freundin sein sollte. Was ist wirklich wichtig?

Ich denke, ich bin zu groß ... zu klein
(Anders-sein-Angst)

Größer, kleiner, dicker, dünner, zu schwarze, zu blonde, zu rote Haare – zu lange oder zu schmale Nase, zu kleine oder zu große abstehende Ohren, all diese Merkmale können für Kinder *Riesenprobleme* machen.

Man wird ausgelacht, verspottet, sogar beschimpft. Es ist klar, daß man dann schüchtern oder zornig wird, sich zurückzieht, unter Einsamkeit leidet und Angst vor dem Alleinsein entwickelt. Es ist die Angst, irgendwie anders zu sein.

Interessant ist es, daß überall auf dieser Welt es so ist. So stellen fremde Kinder erst einmal nur fest und bemerken, daß bei dem anderen Kind irgendetwas anders ist. Sie sagen es dem Kind, und es wird ganz wichtig, wie dieses Kind dann reagiert.

So heißen beispielsweise die Großen immer Bohnenstange;
die Kleinen immer Knirps;
die Rothaarigen immer Feuerkopf;
die zu Schwarzhaarigen immer Pechsträhne;
die Großnasigen immer Zwerg Nase;
die Kleinnasigen immer Mops;
die abstehenden Ohren immer Segelohren usw.

Wer sich nicht verspotten läßt und nicht so leicht kränkbar ist, wer also cool bleibt, der hat schon erst einmal gewonnen. Wir kennen ja viele berühmte Leute, die sogar sehr stolz auf ihre Besonderheiten oder Spitznamen sind.

So ist wohl das Wichtigste gegen die Angst, daß man seine Besonderheit erstmal so nimmt wie sie ist. Die Erwachsenen sagen: „Man muß sich akzeptieren lernen wie man ist".

Es ist im Grunde genommen gleich, wie jemand aussieht. Die Hauptsache, er ist lustig, freundlich und hilfsbereit und läßt sich durch den Spott nicht kränken. Das Äußere wird dann unwichtig und bald vergessen. Wir wollen dir sagen: „Jedes Kind hat eine Besonderheit, manche sind äußerlich zu sehen und manche innerlich nicht zu sehen, aber vorhanden."

Angst entsteht erst, wenn die Besonderheit zu sehen ist und das Kind glaubt, selbst damit die anderen zu stören und der eigentliche Grund für die Störung und die Hänselei zu sein. Man leidet dann darunter, zu wenig Selbstwert zu haben.

Wer sich nicht hänseln läßt, wird uninteressant, und es macht keinen Spaß, ihn auszulachen, weil er sich ja nicht ärgert.

Ich getraue mich nicht, im Sportunterricht die Kleider zu wechseln

Ich mag den Sportunterricht schon gar nicht mehr, schwimmen ist noch schlimmer. Du wirst dich wundern, warum. Aber es liegt daran, daß ich mich vor den anderen umziehen muß. Ich schäme mich so. Oft komme ich drumrum. Ich komme später zum Unterricht, wenn alle schon umgezogen sind oder lasse mir von Mami eine Entschuldigung schreiben.

Daß ich mich nicht gerne umziehe, liegt eigentlich daran, daß ich komisch aussehe. Ich habe erst ganz kleine Brüste und kaum Schamhaare, während die anderen Mädchen

ERFOLGSKALENDER

1. Sportstunde 3.6. Ich ziehe mich an der Wand um	☀
2. Sportstunde 10.6. unter langem Pulli ziehe ich mich um	☀
3. Trainingsstunde zuhause 13.6. Ich wechsel vor meiner Freundin Gabi den Pulli	☀
4.	
5.	
. . . .	

VERTRAG
Bei 20 erfolgreichen, ehrlich eingetragenen sonnen bekommt Ina eine neue Unterhose.
Ina Angstknacker   B. Angst Knacker

schon Büstenhalter tragen. Eine andere aus meiner Klasse hat vor einem Jahr oft gefehlt, sie hatte da schon Brüste und wir alle noch nicht. Ich glaube, jeder schämt sich, wenn er anders ist als die meisten.

Daß ich nicht mehr zum Unterricht gehe, ist keine Lösung. Da ist es schon besser, wenn ich mich in einer Kabine umziehe, sonst gebe ich der Angst so nach und verpasse den Sport. Am besten ist es jedoch, wenn ich etwas gegen die Angst unternehme. Ich ziehe mir beim ersten Mal besonders schöne Unterwäsche an und suche mir eine Ecke. Daneben sollte sich ein Mädchen umziehen, das ich mag. Wenn ich das überstanden habe, darf ich mir in meinen Erfolgskalender eine Sonne malen. Beim zweitel Mal brauche ich vielleicht keine Wand mehr, habe aber einen langen Pulli an, so daß ich meine Hosen umziehen kann, ohne daß mich jemand sieht.

Und so sollten die Aufgaben, die ich mir selber stelle, immer ein bißchen schwieriger werden. Ich werde ganz sicher merken, daß mir eigentlich nichts passieren kann, wenn ich mich vor anderen umziehe. Je öfter ich es mache, desto normaler wird es. Schön ist es auch, wenn mir eine Freundin hilft, die eingeweiht ist. Mit der kann ich zu Hause auch schon mal üben. Auch eine nette Lehrerin darf Bescheid wissen. Du kannst ihr ja diese Seite kopieren, dann weiß sie, wie es dir geht.

Ich habe Angst, die Brille aufzusetzen
(Brillentrageangst)

Wir lernen sehen, so wie wir laufen lernen: durch ständiges Üben, das beginnt vom *ersten Augenblick* an.

Man kann aber auch schon als Baby vielsichtig sein oder später zu jedem anderen Zeitpunkt eine *Brille als Hilfe* bekommen.

Von zehn Kindern tragen drei eine Brille. Die meisten sind stolz darauf, weil sie dadurch wie Erwachsene aussehen können.

Da ich Angst habe, so eine Brille aufzusetzen und deswegen glaube, ausgelacht zu werden, wie auf unserem Bild als „Brillenschlange" geschimpft zu werden, habe ich mir ein Geheimnis mitteilen lassen:

Nichts hütet der Mensch mehr als seinen Augapfel.
Es gibt schon seit ewiger Zeit solche „Lesesteine" –
700 Jahre lang ist es her, ganz besonders kluge Leute
haben durch Edelsteine geschau, um besser lesen oder
sehen zu können. Man hat Quarzsteine oder Bergkri-
stalle oder grüne Halbedelsteine, Berille genommen,
woraus sich auch der Name der Brille entwickelt hat
(Berille, Parillen, Brille).

Wer weiß das schon? Ich weiß es und bin stolz darauf.
Der Kaiser Nero besah durch einen grünen Smaragd-
Edelstein die Kämpfe der Gladiatoren (Zirkusspiele).
Da war der Stein auch Staub- und Sonnenschutz für
das Auge.

Ich kann mein Geheimnis, warum ich stolz auf meine Brille bin, auch meinen Freunden mitteilen. Sehhilfen galten

als Zeichen für besonders kluge Leute. Heute tragen sogar Menschen eine Brille, weil sie besonders hübsch aussehen wollen, also als Schmuck. Jeder weiß auch, gerade in unserer jetzigen Zeit schützen unsere Brillen bei Sport- und Spiel-Unfällen die Augen.

Drei Tips gegen meine Angst sind noch wichtig:

– Ich darf mir, wenn ich auch die Empfehlung des Arztes beachte, meine Brille selber aussuchen. Darauf bin ich stolz, ich kann einen guten Geschmack beweisen, auch wenn die Spielkameraden mich necken, stört es mich dann nicht mehr so sehr.

– Ich brauche nicht den Trost, daß es nur vorübergehend ist, wenn ich eine Brille tragen soll, vielmehr weiß ich genau, ich kann mich schnell an eine neue Brille gewöhnen, auch wenn dies für immer wäre.

– Meine Angst vor dem ersten Tragen der Brille erkenne ich wieder als alte Angst vor Veränderungen. Ich weiß genau, wie schnell ich mich an die anderen Veränderungen gewöhnt habe (neues Kleid, neue Schuhe, Klassenwechsel etc.).

Also: „Mut zum Neuen, klarer Blick hilft. Ich bin Kaiser Nero."

Ich soll operiert werden und habe Angst
(Spritzen-Operationsangst)

Eine wichtige Info:

In Deutschland und Amerika ist fast die Hälfte der Kinder, die über 7 Jahre alt sind, schon mal in einer Klinik gewesen. Jedes Kind davon hat noch kleine oder große Sorgen. Viele Kinder sind jedoch auch stolz darauf, ihre Behandlungen gemeistert zu haben und finden ihren Doc ganz super.

Am häufigsten besteht Angst vor der Trennung von zu Hause, vor Spritzen, vor der Operation, vor Injektionen oder vor dem Punktieren.

Auch die Angst der anderen Familienmitglieder stört sehr, und man vermißt die schönen Dinge des Tages, wie Sport, Ferien, Klasse, Freundschaften und Freizeitspiele.

So geht es mir auch. Es ist also ganz normal, daß ich Angst habe. Meine Sorgen, die ich dadurch, durch den Appetitverlust, den unruhigen Schlaf und im Verhalten habe, sind erklärbar.

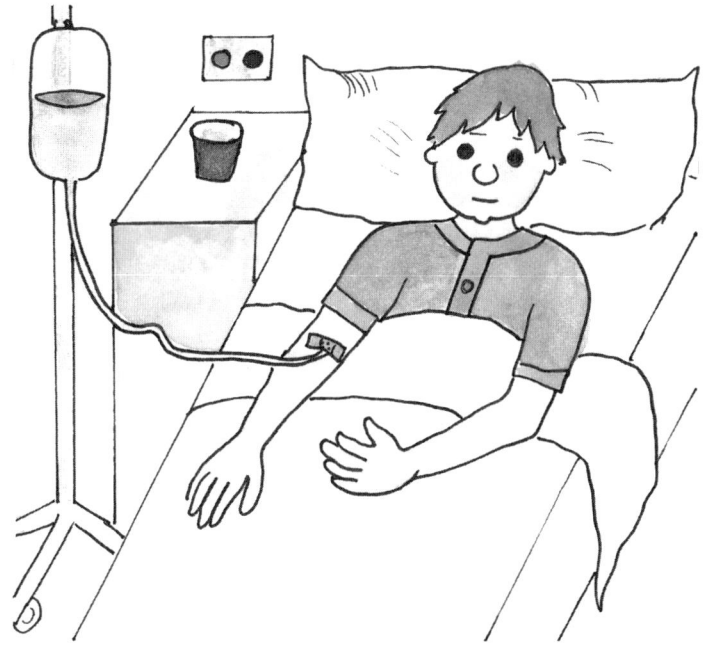

Man weiß aber genau, wie man solchen Ängsten begegnet.

1. Ich lasse mir genau vom Doktor erklären, was er machen will, ich muß es verstehen können, vielleicht hat er auch Bilder oder kann es mir aufmalen.
2. Genau will ich wissen, was ich selbst tun kann, damit es klappt. Ich will wissen, wie geschickt ich mich vor und nach der Operation verhalten muß.
3. Auch meine Familie soll es erfahren, wie sie es richtig

machen können mit mir, um zu helfen. Sie dürfen keine Angst haben, vielleicht muß man vorher richtig Diät essen, einen lustigen Abend machen, genaue positive Planung für die Zeit nach der Operation tätigen, oder ich muß auch mich danach schonen, und das kann viel Spaß machen, wenn an der Heilung andere dann mitwirken können.

4. Genaue Programme gibt es, wenn man Angst vor Spritzen hat. Viel mehr kann man tun, als z.B. vorher lustige Spiele zu erleben. Zum Beispiel mit der Plastikspritze beim eigenen Teddy oder beim Lieblingsplüschtier selber mal üben, Doktor spielen.

5. Erst muß ich lernen, richtig zu atmen. Dabei erfahre ich, daß ich mit dem Bauch und der Brust atmen kann. Die beiden Bilder zeigen es. Ich lerne bewußt, mit der Brust zu atmen, damit bin ich immer bereit. Atme ich mit dem Bauch, so finde ich dann schnell wieder Ruhe.

6. Dann muß ich mir etwas Schönes, etwas Angenehmes vorstellen. Ich habe mich jetzt schon an ein schönes Bild gewöhnt, diese Erinnerung sehe ich ganz deutlich vor mir und nehme sie dann mit in die Klinik.

Inas Bild ist z.B.: Ich liege auf meiner Decke auf einer Blumenwiese und neben mir mein Stofftier. Ich habe eben toll gespielt, gut getrunken und gegessen und warte auf eine Überraschung, die gleich kommen wird. Die Eltern hatten gesagt, wir sollen etwas warten. Ich weiß und sage mir: *„Glücklich und froh, wie der Mops im Paletot."*

Ich weiß nun genau, was kommt: Ich ziehe ein weißes Hemd an. Zur Beruhigung redet man mit mir, ich bekomme eine Spritze oder Tabletten-Hilfe. Ich durfte sogar die Spritze mal halten, da war ich sehr mutig. Die Fahrt vom Krankenzimmer in den OP-Raum wird die Fahrt wie von einer Rakete, die mich in die Raumstation bringen soll. Alle kennen mich, und ich kenne ich die Schwestern und Ärzte. Ich weiß, wenn ich aufwache, habe ich mir selbst sehr geholfen. Alle werden auf mich sehr stolz sein, und es wird eine interessante Zeit danach kommen.

Ich habe Angst vor dem Zahnarzt
(Zahnbehandlungsangst)

Die Angst vor dem Zahnarzt kennt jeder Mensch, es ist die
Furcht, den Mund aufzumachen und jemanden zu erlauben,
im Mund zu bohren, zu schleifen oder zu spritzen. Oft
kommt die Angst, kein Blut sehen zu können, dazu. Man ist
eben im Mundraum sehr empfindlich und kann auch nicht
sehen, was dort gemacht wird. Man hat ja auch so viele
Schmerzgeschichten gehört.

Wenn aber die Angst so groß ist, daß die Zähne verfaulen
und sich gegen-seitig anstecken (Zahnverfall) und man
immer noch die Hilfe durch den Zahnarzt vermeiden will,
dann droht Gefahr, und man muß sich selbst auch helfen,
wenn man sich nicht einfach totstellen will.

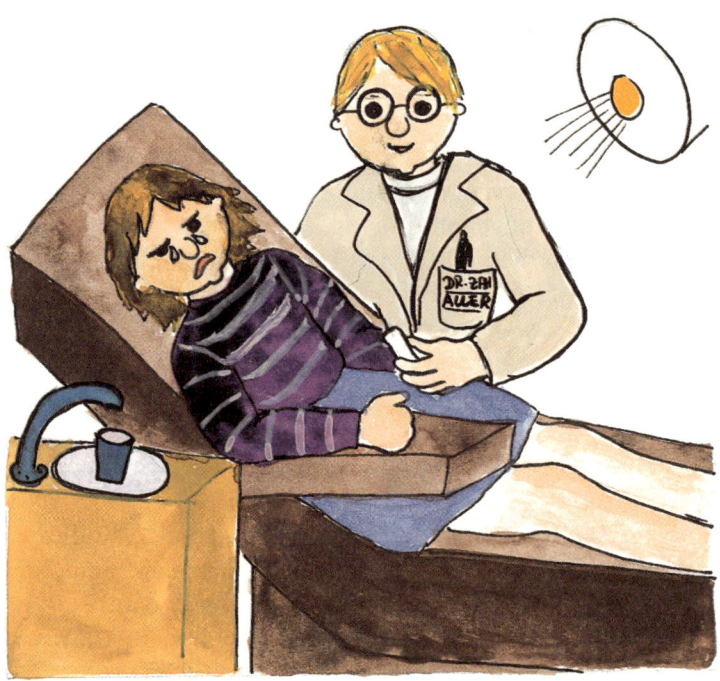

Ganz anders wirkt die Angst vor der Zahnbehandlung in unserem Körper als bei den vielen anderen Ängsten. Sonst schlägt das Herz vor lauter Angst schneller, und es wird einem schwindelig und man bekommt einen roten Kopf und zittert, und es wird einem ganz matt und schlapp und manchmal auch übel. Bei der Zahnbehandlungsangst schlägt das Herz langsamer, bis dahin, wo man ohnmächtig wird oder befürchtet, es zu werden. Es ist ein komisches Gefühl, wenn es da ist, kann man sehr wenig dagegen tun. Viele Kinder helfen sich dann nur durch ein besonders kräftiges Ein- und Ausatmen.

Die Angst vor dem Zahnarzt ist aber vor der Behandlung sehr erfolgreich zu mindern:
- Inas Zahnarzt heißt Dr. Auer, sie sagt zu ihm aber ganz lustig: „Hallo, Dr. Aua!" Er kennt sie schon seit sehr früher Zeit und kennt auch ihre schneeweißen Zähne, die er immer bestaunt hat und mit vielen schönen Zahnbürsten und Zahnseiden geholfen hat zu schonen. Er ist ein Doc, der sehr gut bei Angst erklärt und auch über andere Dinge redet und viele Beruhigungstricks kennt. Auch die freundlichen Schwestern und Helferinnen sind dabei, und es ist immer angenehm lustig.
- Als Dr. Aua bemerkte, daß Ina sehr große Angst hatte, durfte sie einmal zusehen, wie bei einem anderen Kind ein Zähnchen gezogen wurde, und sie saß dabei bequem in einem Sessel im Behandlungsraum, und es war schöne Musik zu hören.
- Sie konnte dann sogar schon dem Kind versprechen, daß es vielleicht schon bei ihr zuschauen darf. Ina war sehr stolz auf sich selbst.
- Es war auch nicht schwierig, als eine „Spielbehandlung" durchgeführt wurde. Dr. Aua hatte erklärt, daß er die Zähne mit seinen Instrumenten besuchen will, damit die sie kennenlernen, ohne daß er schon behandelt. Also ein Kennenlernspiel.
Ina konnte schon ohne das eklige Gefühl den Mund auf-

machen und besser kontrollieren, was wirklich im Mund gemacht wurde. Es war sogar die Spielzeit für das Behandlungsspiel ausgemacht (6 Minuten).

– Sehr stolz war Ina, als sie selbst vor dem Spiegel einmal mit einem Zahnspiegel in ihren Mund sehen durfte, auch den faulen Zahn bemerkte und erkannte, daß er raus muß. Sie hörte von vielen Kindern, wie diese erfolgreich die Angst, die so aus dem Bauch zu kommen schien, mit Beruhigungssätzen und Belobigungen bekämpften. Der Satz: „Zahn raus – dann wieder Schmaus", hat ihr besonders gefallen. Sie stellte sich richtig vor, wie sie in dem Moment, in dem ihr Zahn gezogen wurde, sich diesen Satz immer wieder lustig sagte.

– Ein Junge konnte es nicht riechen, wie es beim Zahnarzt roch, er bekam ein duftiges Wasser – schon war die Angst weg.

– Ein Mädchen durfte ihre Lieblingskassette mit dem Kopfhörer hören vor und während der Behandlung – schon war die Angst weg.

– Bei Dr. Aua hing ein Plakat im Warteraum, worauf die Namen von besonders tapferen Kindern geschrieben waren. Peter wollte auf dieses Plakat – die Angst war weg.

Ach, sei so lieb und schreibe uns bitte deine Tricks auf und schicke sie uns, wir teilen sie den anderen Kindern mit.

Ich habe Angst, auf eine Leiter zu steigen oder im engen Raum zu sein
(Höhen-Raum-Angst)

Es ist schon eine komische Sache, man sagt, Mädchen würden häufiger unter solchen Ängsten leiden als Jungens. Jungens sollen mehr tapfer sein als Mädchen, so würden es die Eltern erwarten. Ob das stimmt?

Angst kann man haben vor Dingen, die man erlebt hat oder aber auch, weil man davon nur gehört hat oder weil man die Angst nachmacht oder nachahmt.

Wenn man Angst vor dem Besteigen von Leitern oder Türmen oder hohen Treppen hat, kann man annehmen, daß einem mal plötzlich Angst gemacht wurde oder daß man ausgerutscht ist oder daß man geschimpft wurde, weil man zu hoch geklettert ist und man einen Schreck bekam.

Auch bei der Angst vor zu engen Zimmern, vor dem Fahrstuhl oder der Rolltreppe ist ein schlechtes Erlebnis oder ein Film oder eine Geschichte, die man gehört hat, meist daran schuld. Erwachsene wissen immer genau, wann das begonnen hat und wie es passiert ist. Sie wissen auch, wie es sich dann bei ihnen weiterentwickelt hat. Sie sagen, es fängt klein an und wird riesengroß. Ein kleiner Schneeball wird durch Kullern im Schnee zur Riesenkugel. Das ist ein gutes Bild für die Entwicklung solcher Ängste.

Erst geht man nicht mehr auf eine kleine Treppe, dann getraut man sich nicht mehr auf das Kletterspielgerüst, dann fährt man nicht ins Haus, dann betritt man keine Leiter, keine Rolltreppe, keinen Fahrstuhl mehr, letztlich vermeidet man alles.

Wenn man nur daran denkt, so was machen zu müssen, steigt das komische Gefühl vom Bauch in die Brust, es wird ganz eng, man zittert, will sich verstecken oder weglaufen. Alle Kinder mit solcher Angst weinen oder schreien. Will man solche Ängste zusammen mit Eltern oder Freunden bekämpfen, kann man wieder sehr interessante Wege gehen:

– Für die Beseitigung solcher Ängste muß man sich ein wenig Zeit lassen.
– Ganz sicher hilft die Schritt-für-Schritt-Technik, also in kleinen Schritten mit kleiner Höhe beginnen und immer eine Stufe mehr probieren. Dazwischen soll man Pausen machen, sich belohnen und feiern. Schau im Buch noch einmal beim Spinnenbeispiel nach (Helfer gegen die Angst).
– Nie mehr vor den Aufgaben (Rolltreppe, Fahrstuhl usw.) davonlaufen. Besser ist es, vorher sich vorzubereiten. Als Ina einmal im Geschäft wieder ihre Angst vor der Roll-

treppe bekam, ging sie bis zur Rolltreppe, dort bemerkte sie auf einmal noch ihre große Angst. Sie ging dann erst einmal zurück, beruhigte sich, holte sich einen Lutscher, wartete etwas und ging wieder hin und schaffte es sogar schon im zweiten Versuch. Toll, was?

– Auch bei der Leiterangst wurde der Stufe-für-Stufe-Trick zum vollen Erfolg. Die Kirschen, die man dann pflücken konnte, waren süßer als je im ganzen Leben Kirschen geschmeckt hatten.

Wir wollen euch sagen, daß Kinder mit solchen Tricks ganz besonders stolz und erfolgreich sind. Erwachsene machen es übrigens genauso.

Wir sagen Tschüß!

Was Ina und Kalle aus Erfahrung dir mitteilen wollen, kannst du mal überlegen:

Wir haben unter unseren Frenden sehr viele, die solche zu sehende Besonderheiten haben. Es gibt aber auch viele Freunde darunter, die z. B. ganz schnell und gut denken können und andere, die ganz langsam sind und z. B. in eine Förderschule gehen müssen oder im Rollstuhl sitzen müssen oder sogar blind oder gehörlos sind. Aber es sind unsere Freunde. Jedes dieser Kinder hat einmal Herzeleid wegen seiner Besonderheit gehabt. Wir haben uns vorgenommen, mit allen zu spielen und mit allen zu lernen und denken uns: Jedes Kind ist ein besonderes Kind. Besonders nett ist es aber, wenn es lustig sein kann. Das hift uns allen am meisten.

Die Gründe für körperliche oder geistige Besonderheiten sind vielgestaltig. Wenn du darüber mehr erfahren willst, frage unbedingt danach.

Wichtig: Hilf deinem Nachbarkind, mit seiner Besonderheit fertig zu werden. Verspotten tut nur, wer selber Angst hat!

Ihr habt jetzt viel gelesen und seid Profis im Angstknacken.

Dafür habt ihr euch den **AS**-Stempel (**A**ngst-**S**ieg-Stempel) verdient!

Vielleicht könnt ihr jetzt anderen, die Angst haben, helfen. Wieviele unterschiedliche Ängste es gibt, wißt ihr nun.

Sollte die Angst sich nicht besiegen lassen oder habt ihr andere schlimme Probleme, dann solltet ihr ruhig zum Arzt oder Psychologen gehen. Wir waren auch schon da und haben uns Tips geholt.

Das ist nicht schlimm!

...ach und noch was

Wir würden uns freuen, wenn ihr uns schreibt, wie es euch gefallen hat, mit dem Buch zu arbeiten.

Unsere Adresse:

Dr. H.-J. und A. Friese
Ringstr. 33
97080 Würzburg

Leben mit Kindern

Antje Friese/Hans-Jürgen Friese
Aufregen hilft nicht, Mama!
Wie Eltern die großen Probleme ihrer Kinder verstehen und
helfen können
Band 4359
Gestörte Verhaltensweisen von Kindern sind oft ein Hinweis auf
verborgene Probleme. Eltern sollten lernen diese zu erkennen und
hilfreich darauf einzugehen.

Doro Kammerer
Zärtlicher Abschied vom Tag
Einschlafrituale für Kinder
ca 160 Seiten, Klappenbroschur
ISBN 3-451-26365-3
Die Autorin zeigt, welche ‚Einschlafzeremonien"schon Babies
brauchen, um auch später gut einschlafen zu können.

Karin Schaffner
Mit allen Sinnen die Welt erfahren
Geschichten und Spielanregungen für Kinder und Eltern
128 Seiten, Klappenbroschur
ISBN 3-451-26283-5
Spiel und Spaß für Erwachsene und Kinder. – und wie Kinder dabei
lernen können.

Chantal de Truchis
**Wie Ihr Baby Vertrauen gewinnt –
zu sich selbst und in die Welt**
Das Emmi-Pikler-Modell
Mit zahlreichen Abbildungen
Aus dem Französischen von Daniela Pichler-Bogner
160 Seiten, Klappenbroschur
ISBN 3-451-26282-7
Ein Standardwerk für Eltern.

HERDER

Ursel Maurer/Edith Stephens (Hrsg.)
Halt mich ganz fest, daß ich deine Liebe spüre
Vorwort von Jirina Prekop
160 Seiten, Klappenbroschur
ISBN 3-451-26248-7
Kinder brauchen festen Halt – auch physisch. Ein praktischer Leitfaden.

Peter Veith
Eltern machen Kindern Mut
Zuhören, achten, verstehen lernen
Mit vielen Skizzen und Piktogrammen
208 Seiten, Klappenbroschur
ISBN 3-451-26284-3
Wie Kinder gestärkt werden – ohne Vorwürfe, Kritik und Strafe.

Gisela Preuschoff
Kinder zur Stille führen
Meditative Spiele, Geschichten und Übungen
160 Seiten, Klappenbroschur
ISBN 3-451-23897-7
Wie Kinder zur Ausgeglichenheit zurückgeführt werden können.

Werner Knubben/Thomas Knubben
Ein Vater, wie er im Buche steht
Entdeckungen für junge Väter
Hrsg. von Thomas Knubben und Werner Knubben
160 Seiten, gebunden mit Schutzumschlag
ISBN 3-451-23755-5
Höhenflüge und Aufregungen der Väter von heute.

Lone Hertz
Ich sage nichts, weil ich mich vor der ganzen Welt fürchte
Eine Mutter baut ihrem autistischen Sohn Brücken ins Leben
Aus dem dänischen von Ilse Bauer
256 Seiten, Paperback
ISBN 3-451-23742-3
Eine Mutter findet Zugang in die verschlossene Welt ihres Sohnes.